Marion Dawidowski · Angelika & Christin Kipp

WÄRMEKISSEN nähen

CV

INHALT

KUSCHELIGE WÄRME

Diese Kissen bringen uns Wärme und Wohlbefinden. An Wintertagen vertreiben sie nach dem Skifahren oder Rodeln die Kälte. Sie wärmen die Füße vor dem Einschlafen und außerdem helfen diese liebevoll gestalteten Modelle bei Verspannungen und können Bauchweh und leichte Ohrenschmerzen lindern.
So sind sie für Groß und Klein sehr praktisch und eignen sich für viele verschiedene Anwendungen. Und mit Kühlpads gefüllt sind sie auch als Kältekissen geeignet.

Mit den Schnittmustern und detaillierten Anleitungen können auch Anfängerinnen leicht ein schönes Kissen nähen. Für die Füllung gibt es verschiedene Möglichkeiten: Besonders beliebt sind Roggen, Weizen, Dinkel und der Klassiker: die Kirschkerne. Doch auch außergewöhnliche Füllungen wie Rapssamen oder Traubenkerne werden immer beliebter, weil sie so fein und anschmiegsam sind. Erwärmt werden die Kissen ganz einfach in der Mikrowelle oder im Backofen.

RUND UMS WÄRMEKISSEN

Wärmekissen erwärmen

Alle Arten von Wärmekissen lassen sich in der Mikrowelle oder im Backofen erwärmen. Für Kleinkinder (Wärmekissen sollten erst ab dem 1. Lebensjahr verwendet werden) wird das Kissen am besten auf der Heizung erwärmt.

Beim Aufwärmen in der **Mikrowelle** das Kissen langsam und mit einer geringen Leistung erwärmen. So wird verhindert, dass es zu Überhitzungen kommt. Und Vorsicht: Bei zu langem Aufwärmen kann es zu Bränden kommen.
Die Aufwärmzeit variiert je nach Füllung und Füllmenge. Das Kissen am besten zunächst bei maximal 600 Watt etwa eine Minute lang in die Mikrowelle legen. Ist die gewünschte Wärme nicht erreicht, wird in Abständen von etwa 20 Sekunden weiter erwärmt. Beim Erhitzen kann eine Tasse Wasser mit in die Mikrowelle gestellt werden. Dies sorgt dafür, dass die Körner nicht so schnell austrocknen. Darauf achten, dass der Mikrowellenteller sich frei drehen lässt.
Es empfiehlt sich, unbedingt die Bedienungsanleitung der Mikrowelle zu lesen, um Fehler zu vermeiden.

Für das Aufwärmen im **Backofen** sollte der Ofen auf maximal 150 °C aufgeheizt werden. Das Kissen wird dann je nach Füllung und Füllmenge 10–15 Minuten erwärmt. Zum Schutz das Kissen am besten in ein Stück Alufolie wickeln. Auch beim Erwärmen im Backofen empfiehlt es sich, eine Tasse Wasser dazuzustellen.

Grundsätzlich sollte ein Wärmekissen vor dem erneuten Erwärmen immer vollständig auskühlen und das Erwärmen eines Kissens sollte stets beaufsichtigt werden. Vor der Verwendung ist es wichtig, das Kissen auf seine Temperatur zu überprüfen, um Verbrennungen zu vermeiden. Bei Fieber, Entzündungen und Kreislaufbeschwerden dürfen Wärmekissen **nicht** verwendet werden!

Füllungen für Wärmekissen

Körner, Kerne, Samen und Blüten – für Wärmekissen gibt es eine Vielzahl von Füllungen. Besonders beliebt sind Roggen, Weizen, Dinkel und der Klassiker: die Kirschkerne. Doch auch außergewöhnliche Füllungen wie Rapssamen oder Traubenkerne werden immer beliebter. Die Kissen – am besten mit einem Trichter – nicht zu prall füllen, damit sie sich gut anschmiegen.

Kerne

Hier eignen sich Kirsch-, Johannisbeer- und Traubenkerne am besten. Kirschkerne sind verglichen mit anderen Füllmaterialien zwar eher groß, überzeugen aber durch ihr geringes Gewicht. Kissen aus Johannisbeer- oder Traubenkernen schmiegen sich aufgrund der kleinen Kerngröße besonders gut an den Körper an.

Körner

Bei Körnern wie Dinkel, Weizen oder Roggen unterscheidet man zwischen dem vollen Korn und dem Spelz, der Hülle des Korns. Das volle Korn speichert die Wärme länger und ist für Wärmekissen somit besser geeignet. Spelz hingegen wird meist in Schlaf- und Kuschelkissen verwendet. Hirse eignet sich aufgrund der kleinen Korngröße gut für kleinere Wärmekissen, die sich Nacken oder Gesicht gut anpassen sollen. Körnerkissen werden in der Mikrowelle bei 400–600 Watt etwa 1–2 Minuten erwärmt, im Backofen etwa 10–15 Minuten.

Achtung:
Körnerkissen sind nicht waschbar!

Samen

Lein- und Rapssamen gehören zu den Ölsaaten. Sie speichern aufgrund ihres hohen Ölanteils Wärme besonders lang und geben sie gleichmäßig wieder ab. Erwärmt geben die Samen einen angenehmen Duft ab und wirken somit auch beruhigend. Das Aufwärmen in der Mikrowelle sollte bei max. 500 Watt und höchstens 3 Minuten lang erfolgen.

Salz

Kissen mit Salzfüllung können erwärmt oder im Gefrierfach gekühlt werden. Hierfür wird Himalaya-Salz oder grobes Meersalz verwendet. Diese Füllung eignet sich auch zur Aufnahme von Feuchtigkeit, um z. B. im Auto ein Beschlagen der Scheiben zu reduzieren. Das Salzkissen zwischendurch alle paar Tage zum Trocknen auf die Heizung legen.

Tipp: Die Kissen lassen sich auch zur Kältebehandlung nutzen. Dafür das Kissen einige Zeit in den Gefrierschrank legen.

Blüten

Auch getrocknete Blüten eignen sich gut als Füllung eines Wärmekissens. Lavendelblüten beispielsweise sind besonders gut für Kleinkinder geeignet. Die austretenden Öle wirken beruhigend. Mit Blüten gefüllte Kissen sollten nur bei niedrigen Temperaturen erwärmt werden.

Kräuter

Für die Verwendung als Kräuterkissen eignen sich viele getrocknete Kräuter, je nach Vorliebe und gewünschter Wirkung. Die Kissen können vollständig mit den getrockneten Kräutern gefüllt oder teilweise mit Füllwatte gestopft und mit einer kleinen Menge Kräutern ergänzt werden. Praktisch sind Duftkissen mit Klettverschluss, hier kann man die Füllung jederzeit durch neue oder andere Kräuter ersetzen. Auf die Füllwatte können auch wenige Tropfen ätherischer Öle gegeben werden. Diese sollten jedoch sparsam verwendet werden und nicht synthetisch hergestellt sein.

RUND UMS NÄHEN

Materialien & Hilfsmittel

Die hier aufgeführten Materialien und Hilfsmittel werden häufig verwendet und bei den einzelnen Anleitungen nicht mehr extra aufgeführt:

- Nähmaschine
- Bügeleisen
- Schere (Stoff- und Papierschere, eventuell auch noch eine Stickschere)
- Nähgarn (am besten aus Baumwolle, farblich passend zum Stoff, zusätzlich die entsprechenden Farben für die Applikationen auswählen, siehe Modellfotos)
- Trichter zum Befüllen
- Bleistift
- Schneiderkreide oder Stoffmarkierstift (Trickmarker)
- Stecknadeln
- Handnähnadeln
- Schnittmusterpapier oder -folie
- Lineal
- Handmaß, Maßband

Stoffe

Baumwollstoffe

Zum Nähen werden Stoffe aus 100 % Baumwolle benötigt. Dass Baumwollstoffe und -garne verwendet werden, ist deshalb wichtig, weil andere Fasern nicht so hitzebeständig sind und verbrennen können. Aus diesem Grund sollten auch keine Plastikknöpfe verwendet werden. Reißverschlüsse oder Knöpfe aus Metall bitte auch nicht verarbeiten, weil diese zu heiß werden können und Metall in der Mikrowelle nicht verwendet werden sollte.

Die Baumwollstoffe vor dem Nähen waschen, um überschüssige Farbe auszuspülen und um die Gefahr des späteren „Einlaufens" auszuschließen.

Tipp: Dünne Baumwollstoffe doppelt verarbeiten: Dadurch fühlt sich das Kissen angenehmer an und die dunkle Farbe der Körner schimmert bei hellen Stoffen nicht durch.

Grundbegriffe

Nähmaschinenstiche

Die am häufigsten verwendeten Stiche sind der gerade Steppstich oder Geradstich (links im Bild) und der Zickzackstich.

Verriegeln und Versäubern

Jede Naht wird am Anfang und Ende verriegelt, dazu werden jeweils ein paar Stiche vorwärts- und rückwärtsgenäht.

Die Stoffschnittkanten können mit dem Zickzackstich umnäht werden, dabei sticht die Nadel abwechselnd in den Stoff und dann neben die Stoffkante. Das Versäubern verhindert ein Ausfransen der Stoffränder. Falls vorhanden, kann man natürlich auch mit der Overlockmaschine oder dem Overlockstich der Nähmaschine versäubern.

Rechts auf rechts

Die späteren Sichtseiten (rechte Stoffseiten) der Stoffe liegen einander zugewandt, die linken Stoffseiten zeigen nach außen.

Nahtzugabe

Wird ein Stoff zu nah an der Schnittkante genäht, reißen Naht und Stoff leicht aus. Deshalb wird in der Regel beim Zuschnitt der Stoffe 0,5 bis 1 cm als Nahtzugabe zugegeben. Wird in den Anleitungen keine Angabe zur Nahtzugabe gemacht, ist diese 0,75 cm breit und in den Maßen und Schnittmustern bereits enthalten. Sind Zuschnittmaße für Streifen oder Rechtecke angegeben, ist das 1. Maß die Breite, das 2. die Höhe.

Stoffbruch

Legt man einen Stoff doppelt, entsteht eine Faltkante, die als Stoffbruch bezeichnet wird. Auf dem Schnittmuster ist der Bruch meist als durchbrochene Linie gezeichnet und entspricht der Mitte des nur halb gezeichneten Teils. Das Schnittmuster wird mit dieser Linie (ohne Nahtzugabe) an die Faltkante des Stoffs gelegt.

Grundtechniken

Verstürzen

Darunter versteht man das Zusammennähen der rechts auf rechts liegenden Teile und das anschließende Wenden. Damit die Teile an Ecken und Rundungen sauber gewendet werden können, müssen die Nahtzugaben hier eingeschnitten bzw. zurückgeschnitten werden.

Ecken

Vor dem Wenden von eckigen Formen müssen die Nahtzugaben an den Ecken bis ca. 1 oder 2 mm vor die Naht (nicht weiter!) schräg abgeschnitten werden.

An Innenecken, wie z. B. zwischen den Stacheln des Igels oder an der Spitze in der oberen Herzmitte, die Nahtzugaben bis dicht an die Nahtecke einschneiden.

Rundungen

An Rundungen werden die Nahtzugaben in kleinen Abständen bis dicht an die Naht eingeschnitten bzw. kleine Dreiecke aus der Nahtzugabe ausgeschnitten.

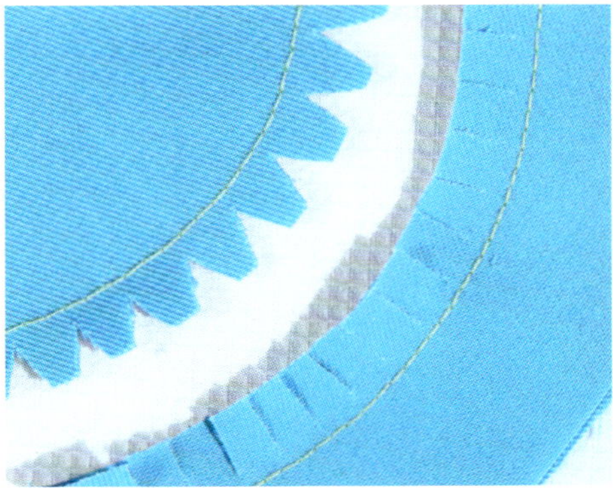

Zwischenfassen

Werden Stoffteile oder Bänder zwischen 2 Stofflagen mit angenäht, spricht man von „Zwischenfassen". Die Stoffteile oder Bänder an der vorgesehenen Stelle auf die rechte Seite eines Stoffteils heften oder nähen. Dann das 2. Stoffteil rechts auf rechts über das 1. legen, sodass alle Teile, die nach dem Wenden sichtbar sein sollen, zwischen den beiden Stofflagen liegen. Eventuell das Teil zur Probe vor dem Nähen wenden. Die Naht wie beschrieben ausführen und das Nähstück wenden.

Applizieren

Vorbereitung: Das doppelseitig aufbügelbare Vlies (Vliesofix) mit der Papierseite nach oben über die Vorlagen legen. Die Teile, die aus einem Stoff ausgeschnitten werden sollen, relativ dicht nebeneinander (ca. 0,5 bis 1 cm Abstand) aufzeichnen. Die Vorlagen auf dem Bogen sind bereits gespiegelt, sodass sie direkt aufgezeichnet werden können. Ist ein Fadenlauf eingezeichnet, die Teile für einen Stoff jeweils in der gleichen Richtung aufzeichnen. Teile mit der Papierschere grob ausschneiden und auf die linken Seiten der gewünschten Stoffe bügeln, dabei – falls nötig – auch auf den Fadenlauf achten. Anschließend die Teile exakt ausschneiden.

Applizieren: Dann das Schutzpapier abziehen, das Motiv platzieren und mit einem feuchten Tuch fest aufbügeln. Dabei das Bügeleisen Stück für Stück aufdrücken und nicht hin- und herschieben.

Zum Schluss die Teile, wie in der Anleitung beschrieben, oder mit einem engen Zickzackstich (Stichlänge = 0,2/Stichbreite = 3) festnähen.

Inlett nähen

Ein Inlett für die Körnerkissen ist durchaus nützlich, so kann der Bezug bei Bedarf gewaschen werden. Für das Inlett einen einfachen Baumwollstoff zweimal in den Maßen des Körnerkissens plus Nahtzugabe zuschneiden, rechts auf rechts legen und ringsherum zusammennähen, dabei eine Wendeöffnung lassen. Das Inlett wenden, mit den Körnern füllen und die Öffnung von Hand zunähen.

Verdeckter Klettverschluss

Der eingenähte Klettverschluss ermöglicht einen leichten Austausch der Füllung. Außerdem kann die Kissenhülle bei Bedarf gewaschen werden.

1. Die Kanten, an die der Klettverschluss genäht wird, jeweils 1x in angegebener Breite nach rechts umbügeln. Ist das Klettband 1 cm breit, wird die Schnittkante 0,5 cm breit nach rechts umgebügelt. Je nach Anleitung die Klettstreifen auf ganzer Länge bis zum Beginn der Nahtzugaben (A) oder mittig (B) jeweils auf der rechten Stoffseite an die Kante nähen, sodass die Stoffschnittkante vom Klettband verdeckt wird. Das Klettband knappkantig ringsherum festnähen.

A

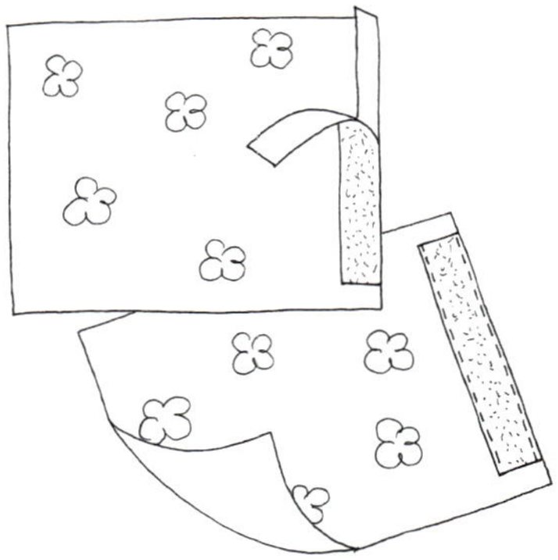

B

2. Für Modelle die nur einen kleinen Klettverschluss erhalten (B) zunächst die Nahtlinie vervollständigen: Die Stoffzuschnitte rechts auf rechts legen, Klettband auf Klettband. Auf beiden Seiten des Klettbandes von der Außenkante an der Schmalseite des Klettbandes entlang und im rechten Winkel zur Seite nähen.

B

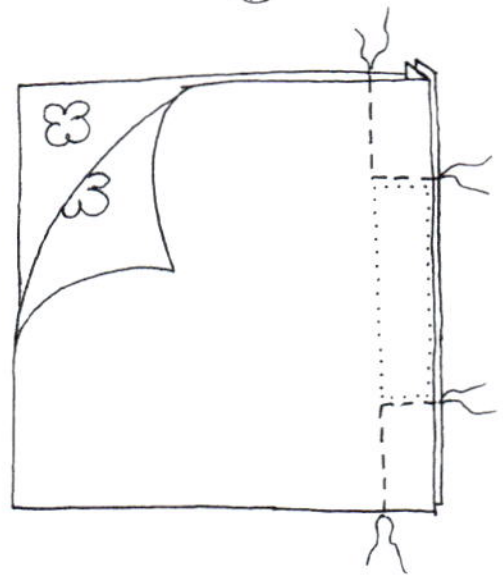

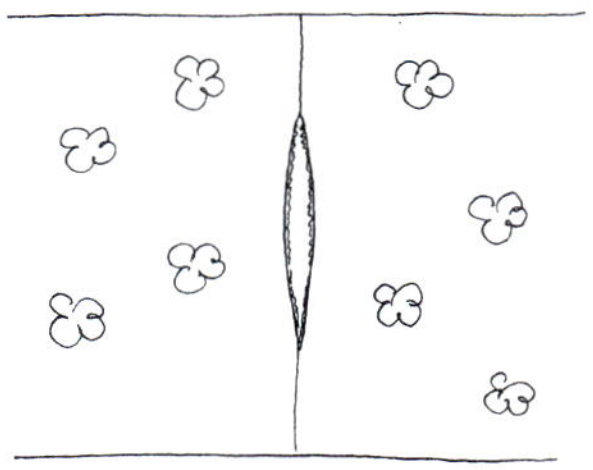

3. Die Stoffzuschnitte für Vorderseite und Rückseite der Kissen rechts auf rechts legen und zusammennähen. Ist der Klettverschluss an der Seite, liegen hierbei die Klettbänder rechts auf rechts aufeinander (C). Soll der Verschluss in der Mitte der Rückseite liegen, die Klettbänder rechts auf rechts aufeinanderlegen (also verhaken) und dann in eine Richtung klappen (D).

Nach dem Nähen die Nahtzugaben über Eck bis kurz vor die Naht zurückschneiden, so lässt sich das Kissen besser wenden.

C

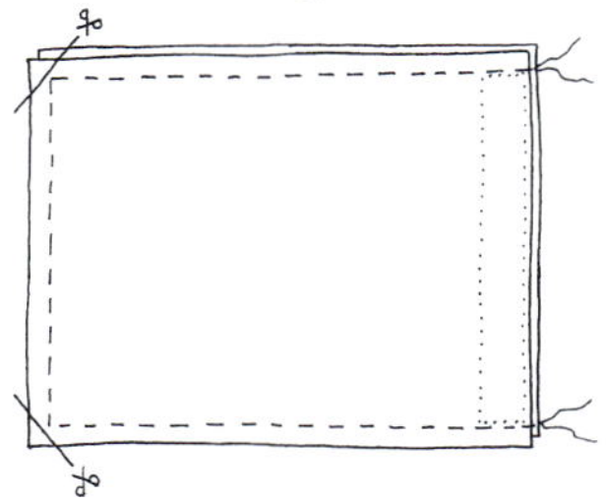

D

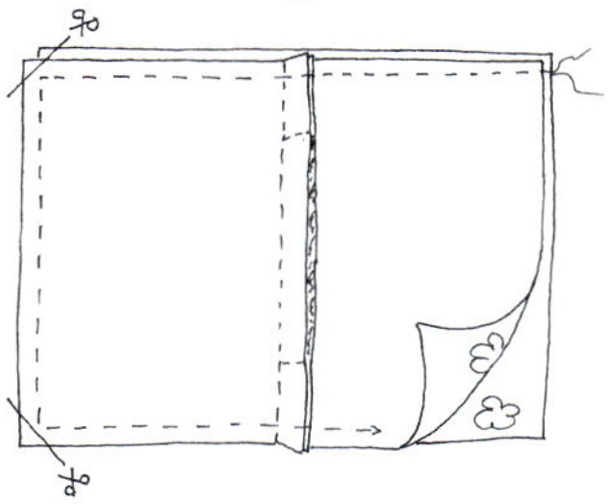

Trennnähte

Bei größeren Körnerkissen ist es sinnvoll, die Körner durch Trennnähte auf mehrere Kammern zu verteilen. So bleiben diese auch bei Gebrauch gleichmäßig verteilt und rutschen nicht in eine Ecke des Kissens.

Je nach Modell können vor dem Einfüllen der Körner mehrere Kammern abgenäht werden. Dazu eine Seitennaht des Kissens zunächst offen lassen, das Kissen auf rechts wenden. Die Nahtzugaben der offenen Kissenseite nach innen einschlagen, dann die Trennnähte in farblich passendem Garn durch alle Stofflagen nähen. Nach dem Befüllen die Öffnung knappkantig zunähen.

Die Trennnähte können auch nach dem Einfüllen der Körner genäht werden. Die Körner zunächst gleichmäßig im flach liegenden Kissen verteilen. Im Verlauf der zu nähenden Trennnaht die Körner mit den Fingerkuppen etwas zur Seite schieben und mit Stecknadeln zwei parallele Linien im Abstand der Nähfußbreite abstecken. Die Trennnaht zwischen den Stecknadellinien nähen.

Gepunktete Linien

Mit diesen Linien sind in den Schnittmustern die Nähte markiert, mit denen die Korn- oder Kernkammern verschlossen werden.

Knötchenstich

Die Nadel von links an der gewünschten Stelle ausstechen, den Faden vom Ausstichloch aus um die Nadel wickeln und die Wicklungen dicht an die Nadel ziehen. Je nach Anzahl der Umwicklungen wird das Knötchen kleiner oder größer. Dann knapp neben der Ausstichstelle wieder einstechen und die Nadel auf die Rückseite des Stoffs ziehen. Dabei die Wicklungen mit dem Daumen festhalten, damit ein kleines, festes Knötchen entsteht.

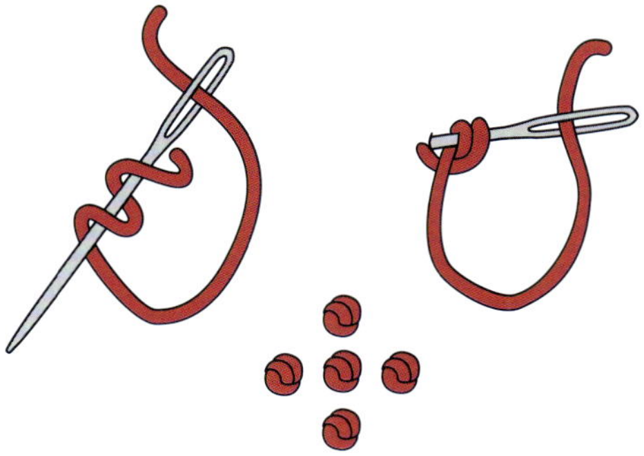

EINFACH HAPPY

Vorlagen 1a bis 1d auf Bogen A

Material & Zuschnitt

Die Nahtzugaben von 0,75 cm sind in den Maßen bereits enthalten.

- 20 x 55 cm Stoff in Weiß
  ✂ 2 Rechtecke à 18 x 25 cm
- 10 x 25 cm Stoff in Grau mit Pünktchen
  ✂ Die Buchstaben zum Applizieren vorbereiten, siehe Seite 10
- 20 x 30 cm Frottierstoff in Grau
  ✂ 1 Rechteck à 18 x 25 cm
- 20 x 50 cm Stoff für das Inlett
  ✂ 2 Rechtecke à 18 x 23 cm
- 2 Knöpfe in Orange, 14 mm Ø
- Nähgarn in Orange
- 10 x 25 cm doppelseitig aufbügelbares Vlies (Vliesofix)
- 15 cm Klettband, 2 cm breit, jeweils Flausch- und Hakenseite
- wasserlöslicher Markierstift

Füllung, siehe Seite 6/7

Nähen

Die beiden weißen Baumwollzuschnitte links auf rechts aufeinanderlegen. Für das grafische Muster zunächst mit dem Markierstift Rechtecke von 4 x 5 cm und die passenden Diagonalen auf den Stoff zeichnen, dabei an den Längsseiten und einer Schmalseite die 1. Linie mit 1,5 cm Abstand zur Kante aufzeichnen, an der anderen Schmalseite für den Klettverschluss mit 3,5 cm Abstand. Danach die Linien mit kleinem Zickzackstich in orangefarbenem Garn übernähen.

Die Buchstaben applizieren, siehe Seite 10 und Modellfoto, und mit einfacher Naht aufnähen. Die Knöpfe, wie auf dem Foto zu sehen, annähen.
An der Schmalseite für den Klettverschluss den weißen Stoff und den Frottierstoff jeweils 1 cm nach rechts umbügeln und je eine Seite des Klettbands mittig so aufnähen, dass die Stoffschnittkante verdeckt wird, siehe auch Seite 10. Die Stoffe rechts auf rechts legen (Klett auf Klett), die anderen drei Seiten zusammennähen, versäubern und das Nähstück durch die Klettöffnung wenden.
Inlett nähen, siehe Seite 10, und in das Kissen schieben.

Tipp

Dieses Kissen eignet sich auch gut als Hülle für eine Kühlkompresse.

HAPPY

CUPCAKE

Schnittmuster 2a bis 2f auf Bogen A

Material & Zuschnitt

Die Nahtzugaben von 0,75 cm sind in den Maßen und Schnittteilen bereits enthalten.

- 15 x 20 cm Stoff in Weiß
  ✂ 1x Sahne 2a
- 15 x 35 cm Stoff in Rosa mit Erdbeeren
  ✂ 1x mittleres Caketeil 2b
- 15 x 35 cm Stoff in Beige mit Blümchenmuster
  ✂ 1x unteres Caketeil 2c
- 50 x 15 cm Stoff in Rosa mit weißen Ornamenten
  ✂ 2x Cakeform 2d
- 10 x 10 cm karierter Stoff in Grau-Weiß
  ✂ 1x Herz 2e (zum Applizieren vorbereiten, siehe Seite 10)
- 35 x 30 cm grün karierter Stoff (Rückseite Cake)
- 20 x 10 cm Stoff in Rosa mit pinkfarbenen Punkten
  ✂ 2x Tupfer auf Sahne 2f
- 10 x 10 cm doppelseitig aufbügelbares Vlies (Vliesofix)
- 140 cm Zackenlitze in Schwarz
- Zackenschere

Füllung, siehe Seite 6/7

Nähen

Zuerst die Vorderseite des Cakes aus den Teilen 2a bis 2c zusammenfügen, dazu die gestrichelten Felder unter die markierten Flächen der darüberliegenden Teile schieben und die Schnittkanten der oben liegenden Teile mit einem Zickzackstich übernähen. 2 Stücke der Zackenlitze über diesen Zickzacknähten festheften.

Die Öffnung am Caketeil 2c von ★ bis ★ versäubern.

Die Vorderseite rundum rechts auf rechts auf den grün karierten Stoff stecken und nähen, dabei unten entlang der Versäuberungsnaht und an den Seiten wie eingezeichnet Öffnungen frei lassen.

An den Öffnungen den grün karierten Stoff bis auf 0,75 cm an die Naht zurückschneiden, an den Nähten mit einer Zackenschere die Nahtzugaben rundum im kleinen Abstand zur Naht wegschneiden.

Das Teil durch die untere Öffnung wenden und bügeln.

Auf der Vorderseite der Cakeform 2d das Herz 2e applizieren, siehe Seite 10 und Modellfoto.

Vorder- und Rückseite der Cakeform 2d rechts auf rechts bis auf die Öffnung an der Oberkante zusammennähen. Mit dem Tupfen 2f genauso verfahren.

Mit einer Zackenschere die Nahtzugaben im kleinen Abstand zur Naht wegschneiden, nur an den Öffnungen die Nahtzugaben stehen lassen. Die Teile wenden und bügeln.

Die Cakeform 2d mit Körnern befüllen und an der gepunkteten Linie mit einer Steppnaht verschließen.

Die grün karierte Cakerückseite mit der unteren Öffnung rechts auf rechts an die Oberkante (Rückseite) der Cakeform 2d legen, sodass die Cakeform in der Breite genau in die Öffnung passt. Rückseite und Cakeform mit einer geraden Naht zwischen den ★ aufeinandernähen. Das Caketeil nach oben klappen, sodass die Oberkante der Form zwischen Cakevorder- und -rückseite liegt.

Die untere Zackenlitze festheften, dabei die Enden in die seitlichen Öffnungen schieben.

Die Litzen durch alle Stofflagen feststeppen, dabei entstehen die Körnerkammern. Die Öffnung für die Zackenlitze an der linken Seite von Hand schließen.

Die Kammern mithilfe eines Trichters mit Körnern befüllen. Die Nahtzugaben an den Öffnungen nach innen einschlagen und die Öffnungen von Hand oder mit der Nähmaschine schließen.

Den Tupfen ebenfalls befüllen, die Nahtzugaben an der Wendeöffnung nach innen einschlagen, die Zackenlitze rundum aufheften und feststeppen, dabei wird auch die Wendeöffnung geschlossen.

Den Tupfen von Hand auf die „Sahnehaube" nähen.

Anleitung und Schnittmuster für das Herz finden Sie auf unserer Website www.christophorus-verlag.de unter „Unsere Bücher".

H
S

EULEN

Schnittmuster 3a bis 3g auf Bogen A

Material & Zuschnitt

Die Nahtzugaben von 0,75 cm sind in den Maßen und Schnittteilen bereits enthalten, die Stoffangaben für die Eule in Rot stehen in eckigen Klammern.

- 20 x 25 cm Stoff in Dunkelbeige [Weinrot] mit Blattmuster
  - ✂ 1x Kopfteil 3a
- 15 x 20 cm in Dunkelbeige [Vanille] mit Eulenmuster
  - ✂ 1x Bauchteil 3b
- 35 x 25 cm in Braun [Weinrot] mit Punkten in Beige
  - ✂ 2x Fuß 3g; für die Rückseite 1 Rechteck à 25 x 30 cm

Folgende Teile zum Applizieren vorbereiten, siehe Seite 10

- 15 x 10 cm in Braun [Weinrot]
  - ✂ 1x Augenteil 3c
- 10 x 5 cm Stoff in Curry
  - ✂ 1x Schnabel 3d
- 10 x 5 cm Stoff in Weiß
  - ✂ 2x Auge 3e
- 10 x 5 cm Stoff in Schwarz
  - ✂ 2x Pupille 3f
- 20 cm Zackenlitze in Weiß [Schwarz]
- 20 x 15 cm doppelseitig aufbügelbares Vlies (Vliesofix)
- Zackenschere

Füllung, siehe Seite 6/7

Nähen

Zuerst das Augenteil 3c auf das Kopfteil 3a applizieren, siehe Seite 10, dann die Augen 3e, den Schnabel 3d und zum Schluss die Pupillen 3f aufbügeln und applizieren. Die Füße 3g auf dem Bauchteil 3b applizieren.

Das Bauchteil mit der schraffierten Fläche unter das Kopfteil schieben, feststecken und die Schnittkante des Kopfteils mit einem Zickzackstich übernähen. Die Zackenlitze über der Zickzacknaht aufnähen.

Die fertiggestellte Vorderseite und den Stoff für die Rückseite rechts auf rechts legen, zusammenstecken und rundum zusammennähen. Dabei eine Wende-/Füllöffnung frei lassen.

Mit einer Zackenschere die Nahtzugaben im kleinen Abstand zur Naht wegschneiden. An den Ecken die Nahtzugaben bis dicht an die Naht einschneiden, siehe Seite 9. Das Kissen wenden und bügeln.

Die Bauchkammer mit Körnern füllen und nochmals über die Zackenlitze nähen, um die untere Körnerkammer zu schließen.

Das Kopfteil befüllen und die Nahtzugaben an der Öffnung nach innen einschlagen und die Öffnung per Hand oder Maschine schließen.

BAUCHTRÖSTER

DUFTHERZEN

Schnittmuster 4a und 4b auf Bogen A

Material für 2 Herzen

Die Nahtzugaben von 0,75 cm sind in den Maßen und Schnittteilen bereits enthalten.

- 25 x 80 cm Stoff in Beige
  Den Stoff mithilfe der Schablone bedrucken, siehe Tipp unten, und die Farbe nach Herstellerangaben fixieren.
  ✂ Für das kleine Herz 4a: 1x die Vorderseite im Stoffbruch; 2x die Rückseite
  ✂ Für das große Herz 4b: 1x die Vorderseite im Stoffbruch; 2x die Rückseite
- 5 x 6 cm Stoff in Weiß
- 11 x 6 cm gemusterter Stoff (Stoffecke)
- 20 cm Baumwollspitze, 3 cm breit
- 60 cm kariertes Rüschenband in Rosa
- 2 Perlmuttknöpfe in Herzform, 20 mm Ø
- 1 Perlmuttknopf in Herzform, 29 mm Ø
- 50 cm Baumwollkordel in Naturweiß, 2 mm Ø
- Schablone für Schrift und Ornamente
- Stoff- oder Acrylfarbe in Weiß
- 18 cm Klettband, jeweils Flausch- und Hakenseite, 1 cm breit
- Rest Füllwatte

Füllung: getrocknete Kräuter

Nähen

An den Rückseiten die Nahtzugaben am Klettverschluss an den Strichpunktlinien nach rechts umbügeln, die Klettbänder wie eingezeichnet aufnähen und den Verschluss/Rückseite fertig stellen, siehe Seite 11. Für das Herz 4b die Stoffecke rechts auf rechts an die eingezeichnete Linie legen (Stoffecke zeigt dabei zur Herzmitte), mit 0,5 cm Nahtbreite aufnähen, nach außen bügeln und der Herzform entsprechend am Rand zuschneiden. An Herz 4a das weiße Stoffstück am Rand ausfransen und von Hand aufnähen.

Jeweils die Herzvorder- und -rückseite links auf links aufeinanderlegen. Bei Herz 4a das Rüschenband am Rand ringsherum zwischenfassen, bei dem anderen Herz die Spitze über das Vorderteil legen und am Rand fixieren. Die Herzen rundherum zusammennähen und mit Knöpfen und Schleifen aus Baumwollkordel schmücken, siehe Foto.
Etwas Füllwatte und die getrockneten Kräuter einfüllen.

Tipp: Stoffe mit Schablonen gestalten

Machen Sie zunächst ein paar Proben auf einem Stoffrest.

1. Die Schablone an gewünschter Stelle auf den Stoff legen.
2. Etwas Farbe auf eine Untertasse geben, mit einem Schwämmchen aufnehmen.
3. Zunächst auf einem Stoffrest etwas abtupfen, dann im Bereich der Schablone auf den Stoff tupfen.

BAUCHTRÖSTER

Schnittmuster 5a bis 5e auf Bogen A

Material & Zuschnitt

An den Schnittteilen 5a bis 5d jeweils Nahtzugaben von 0,75 cm zugeben.

- 6 x 20 cm Stoff in Naturweiß (Schild)
- 60 x 30 cm Stoff für das Inlett
  ✂ 2x Teil 5a (ganzer Kreis)
- 30 x 20 cm Stoff in Beige
  ✂ 1x Teil 5b
- 20 x 20 cm Stoff mit Blüten
  ✂ 1x Teil 5c
- 20 x 15 cm Stoff mit Rosetten
  ✂ 1x Teil 5d
- 40 x 30 cm Karostoff
  ✂ 1x Teil 5e (zum Applizieren vorbereiten, siehe Seite 10);
  1x Teil 5a (ganzer Kreis/Rückseite)
- 70 cm Baumwollspitze, 1 cm breit
- 20 cm Baumwollspitze, 2 cm breit
- Buchstabenstempel, 1 cm hoch
- Stofffarbe in Braun

Füllung, siehe Seite 6/7

Nähen

Das Inlett nähen, siehe Seite 10. Je nach Wunsch 1–2 Trennnähte nähen, siehe Seite 10.

Zuerst die Teile 5c und 5d rechts auf rechts zu einem Halbkreis zusammennähen, die Nahtzugaben zusammen versäubern und in eine Richtung bügeln. Dann beide Halbkreise 5c/5d und 5b ebenso aneinandernähen.

Den Stoff für das Schild mit den Buchstabenstempeln beschriften, siehe Tipp, und die Farbe nach Herstellerangaben fixieren. Die Stoffränder etwas ausfransen unc das Schild aufnähen, siehe Foto.

Die 2 cm breite Spitze aufnähen, dann über dem Ende der Spitze das Dreieck 5e applizieren, siehe Foto.

Die Stoffkreise jeweils rundum versäubern und rechts auf rechts zusammennähen, dabei eine Öffnung von ca. 18 cm lassen. Das Nähstück wenden, die Nahtzugaben an der Wendeöffnung nach innen einschlagen und jede Seite einzeln absteppen.

Die 1 cm breite Spitze in vier Teile schneiden und je zwei Stücke gegenüberliegend mit Handstichen an der Öffnung fixieren. Das Inlett in den Bezug schieben und die Spitzenbänder zu Schleifen binden.

Tipp: Stoffe mit Stempeln bedrucken

Machen Sie zunächst ein paar Proben auf einem Stoffrest. Je nach Konsistenz der Stofffarbe eignen sich verschiedene Arbeitsweisen:

1. Die Farbe mit einem Pinsel aufnehmen, den Stempel mit der Farbe bestreichen und dann auf den Stoff drücken.
2. Die Farbe mit dem Pinsel auf ein Stück beschichtetes Papier (z. B. Zeitschriftencover) dünn auftragen, den Stempel aufdrücken, um Farbe aufzunehmen, und anschließend auf den Stoff drücken.

MONSTERMÄDCHEN

Schnittmuster 6a bis 6h auf Bogen A

Material & Zuschnitt

Die Nahtzugaben von 0,75 cm sind in den Maßen und Schnittteilen bereits enthalten, die Materialangaben für das graue Monster B stehen in eckigen Klammern.

- 35 x 20 cm Stoff in Rosa mit weißen Punkten [in Grau mit rosa Punkten]
  ✂ 1x Kopf 6a; 4x Bein 6d (je 2 gegengleiche Teile)
- 45 x 30 cm Stoff mit Erdbeermuster [in Grau/Weiß kariert]
  ✂ 1x Bauch 6b; 1 Rechteck à 22 x 30 cm für die Rückseite

Nur Modell A:

- 25 x 10 cm gestreifter Stoff in Pink-Rosa
  ✂ 1x Bauch 6c
- 35 x 10 cm Stoff in Pink mit Ornamenten
  ✂ 2x Haare 6f
- 40 x 10 cm Stoff in Vanille mit Blütenmuster
  ✂ 4x Hand 6e (je 2 gegengleiche Teile)

Nur Modell B:

- 100 x 10 cm Stoff in Rosa mit Blumen
  ✂ 1x Bauch 6c; 2x Haare 6f, 4x Hand 6e (je 2 gegengleiche Teile)

Folgende Teile zum Applizieren vorbereiten, siehe Seite 10:

- 10 x 5 cm Stoff in Weiß
  ✂ 2x Auge 6g
- 10 x 5 cm Stoff in Schwarz
  ✂ 2x Pupille 6h
- 45 cm Zackenlitze in Pink [in Weinrot]
- [9 cm Zackenlitze in Weiß]
- 10 x 10 cm doppelseitig aufbügelbares Vlies (Vliesofix)
- Zackenschere

Füllung, siehe Seite 6/7

Nähen

Zuerst die Vorderseite des Monsters aus den Teilen 6a bis 6c zusammenfügen, dazu die gestrichelten Felder unter die markierten Flächen der angrenzenden Teile schieben und die Schnittkanten der oben liegenden Teile mit einem Zickzackstich übernähen. 2 Stücke der Zackenlitze über diesen Zickzacknähten aufnähen.

Die Augen 6g, dann die Pupillen 6h auf den Kopf 6a applizieren. Die Nase und den Mund mit Zickzackstichen aufsticken bzw. bei Modell B Zackenlitze für den Mund aufnähen, siehe Schnitt und Modellfoto.

Die fertige Vorderseite und das Rückenteilrechteck rechts auf rechts legen und die Vorderseite so aufnähen, dass die eingezeichneten Öffnungen frei bleiben. Das Rückenteilrechteck auf die Größe der Vorderseite zurückschneiden. Dann mit der Zackenschere die Nahtzugaben im kleinen Abstand zur Naht wegschneiden, an den Öffnungen die Nahtzugaben stehen lassen. Das Teil wenden und bügeln.

Die Arme und Beine jeweils rechts auf rechts zusammennähen, Nahtzugaben, wie oben beschrieben, zurückschneiden, wenden, bügeln, mit Körnern füllen und mit einer Naht verschließen. Arm- und Fußpaare an den Öffnungen in den Körper schieben, die Nahtzugaben an den Öffnungen nach innen einschlagen und die Öffnungen mit der Maschine verschließen.

Die Haarteile 6f rechts auf rechts zusammennähen, dabei wie eingezeichnet 3 Segmente abnähen. Den Stoff zwischen den Segmenten jeweils bis in die Spitze einschneiden, die restlichen Nahtzugaben mit der Zackenschere zurückschneiden. Das Teil wenden, befüllen und zunähen.

Nun die Bauchkammern durch die Öffnung im Kopf füllen. Nach dem Füllen der unteren Kammer noch einmal über die Naht auf der Zackenlitze nähen und so die Kammer schließen. Die 2. Bauchkammer ebenso befüllen und schließen.

Das Haarteil in die Öffnung schieben, Nahtzugaben nach innen einschlagen und die Öffnung mit der Maschine schließen. Dann den Kopf durch die kleine seitliche Öffnung mit Körnern befüllen, Nahtzugaben ebenfalls nach innen einschlagen und die Öffnung von Hand zunähen.

SCHWEINCHEN

Schnittmuster 7a bis 7f auf Bogen A

Material & Zuschnitt

Die Nahtzugaben von 0,75 cm sind in den Maßen und Schnittteilen bereits enthalten, die Materialangaben für das helle Schwein B stehen in eckigen Klammern.

- 50 x 20 cm Stoff in Pink mit Muster [in Rosa mit Punkten]
  - ✂ 2x Kopf 7a (2 gegengleiche Teile)

Folgende Teile zum Applizieren vorbereiten, siehe Seite 10:

- 20 x 10 cm [10 x 10 cm] Stoff in Rosa mit kleinen Punkten
  - ✂ Modell A: 1x Schnauze 7b; 2x Ohr 7d (2 gegengleiche Teile)
  - ✂ Modell B: 1x Schnauze 7b
- [Nur Modell B: 30 x 15 cm Stoff in Pink mit Ornamenten
  - ✂ 2x Ohr 7d (2 gegengleiche Teile)]
- 10 x 5 cm Stoff in Weiß
  - ✂ 2x Auge 7e
- 5 x 5 cm Stoff in Schwarz
  - ✂ 2x Pupille 7f
- 5 x 5 cm Stoff in Pink [Weinrot]
  - ✂ 2x Nasenlöcher 7c
- 10 x 10 cm doppelseitig aufbügelbares Vlies (Vliesofix)

Füllung, siehe Seite 6/7

Nähen

Zuerst die Augen 7e, Ohren 7d und Schnauze 7b, dann die Pupillen 7f und Nasenlöcher 7c auf den Kopf 7a applizieren, siehe Schnitt und Modellfoto.

Beide Kopfteile rechts auf rechts legen und zusammennähen, dabei die eingezeichnete Öffnung frei lassen. Die Nahtzugaben einschneiden, siehe auch Seite 9. Das Teil wenden und bügeln.

Das Schweinchen mit Körnern befüllen, die Nahtzugaben an der Öffnung nach innen einschlagen und die Öffnung von Hand oder mit der Maschine schließen.

HERZ

Schnittmuster 8a und 8b auf Bogen A

Material & Zuschnitt

Die Nahtzugaben von 0,75 cm sind in den Maßen und Schnittteilen bereits enthalten.

- 55 x 25 cm Stoff in Dunkelblau mit weißen Punkten
  - ✂ 2x Teil 8a
- 20 x 15 cm Stoff in Pink
  - ✂ 1x Teil 8b (zum Applizieren vorbereiten, siehe Seite 10)
- 20 x 15 cm doppelseitig aufbügelbares Vlies (Vliesofix)
- Zackenschere

Füllung, siehe Seite 6/7

Dieses Herz hat nur eine Körnerkammer und ist deshalb schnell genäht: ein Geschenk in letzter Minute.

Nähen

Das Herz 8b auf einem Teil 8a mittig applizieren, siehe Seite 10.

Die Teile 8a rechts auf rechts legen und rundum bis auf die eingezeichnete Wende-/Füllöffnung zusammennähen. Die Nahtzugaben mit der Zackenschere mit kleinem Abstand zur Naht zurückschneiden, nur an der Öffnung die Nahtzugaben stehen lassen. Oben an der Herzspitze die Nahtzugaben bis dicht an die Naht einschneiden. Das Herz wenden, bügeln und mit Körnern befüllen. Die Nahtzugaben an der Öffnung nach innen einschlagen und die Öffnung von Hand oder mit der Nähmaschine zunähen.

PINGUIN

Schnittmuster 10a bis 10h auf Bogen B

Material & Zuschnitt

Die Nahtzugaben von 0,75 cm sind in den Maßen und Schnittteilen bereits enthalten.

- 30 x 30 cm Stoff in Schwarz mit weißen Punkten
  ✂ 1x Körper 10a
- 45 x 30 cm Stoff in Weiß mit schwarzer Schrift
  ✂ 1x Bauch 10b (zum Applizieren vorbereiten, siehe Seite 10); 1x Körper 10a
- 30 x 5 cm Stoff in Bordeaux
  ✂ 1 Streifen für den Mützenrand à 28 x 5 cm
- 35 x 25 cm Stoff in Vanille mit roten Sternchen
  ✂ 2x Mütze 10h

Folgende Teile zum Applizieren vorbereiten:

- 10 x 10 cm Stoff in Schwarz mit weißen Ornamenten
  ✂ 1x Herz 10g
- 15 x 10 cm Stoff in Gelb
  ✂ 2x Fuß 10c; 1x Schnabel 10d
- 10 x 5 cm Filz in Weiß
  ✂ 2x Auge 10e
- 6 x 3 cm Filz in Schwarz
  ✂ 2x Pupille 10f
- 35 x 20 cm doppelseitig aufbügelbares Vlies (Vliesofix)
- Zackenschere

Füllung, siehe Seite 6/7

Nähen

Zuerst den Bauch 10b auf den Körper 10a applizieren, siehe Seite 10, dann den Schnabel 10d und das Herz 10g auf den Bauch sowie die Füße 10c, die Augen 10e und zum Schluss die Pupillen 10f applizieren.

Die beiden Körperteile rechts auf rechts legen und zusammennähen, dabei die eingezeichnete Öffnung frei lassen. Dann mit der Zackenschere die Nahtzugaben im kleinen Abstand zur Naht wegschneiden, an der Öffnung die Nahtzugaben stehen lassen. An den Ecken unter den Armen die Nahtzugaben bis dicht an die Naht einschneiden. Das Teil wenden und bügeln.

Das Bauchteil für die 1. Körnerkammer abnähen, dazu an beiden Seiten mit Geradstich neben der Zickzacknaht bis zum Schnabel nähen. Durch die verbleibende Öffnung am Schnabel werden mithilfe des Trichters Körner in den Bauchbereich gefüllt. Anschließend wird die Naht über dem Schnabel geschlossen.

Dann auch den restlichen Körper mit Körnern befüllen und die Öffnung schließen.

Die Mützenteile rechts auf rechts legen, die Seitenkanten bis auf die eingezeichnete Öffnung zusammennähen. Mit der Zackenschere die Nahtzugaben mit kleinem Abstand zur Naht abschneiden, die Mütze wenden und bügeln. Oberhalb der Öffnung an der gepunkteten Linie die Mütze zunähen. Die Unterkante versäubern. Dann die Mütze auf den Pinguinkopf setzen, sodass sie an die gestrichelte Linie stößt, und von Hand rundum annähen.

Die Längskanten des Mützenrandes 1 cm breit nach links umbügeln, dann den Streifen wie eingezeichnet von Hand auf der Mützenunterkante annähen, dabei das schmale Ende zum Schluss nach links einschlagen und ebenfalls festnähen.

Die Mütze mit Körnern befüllen, die Nahtzugaben an der Öffnung nach innen einschlagen, die Öffnung zunähen und den oberen Bereich der Mütze verknoten.

Anleitung Tannenbaum siehe Seite 28

TANNENBAUM

Schnittmuster 9a bis 9d auf Bogen B

Material & Zuschnitt

Die Nahtzugaben von 0,75 cm sind in den Maßen und Schnittteilen bereits enthalten.

- 25 x 15 cm Stoff in Beige mit Tannenbäumen
  ✂ 1x Teil 9b
- 25 x 15 cm Stoff in Beige mit rot-grünen Streifen
  ✂ 1x Teil 9c
- 15 x 15 cm Stoff in Beige mit Ornamenten
  ✂ 1x Teil 9d
- 30 x 10 cm Stoff in Bordeaux mit Sternen
  ✂ 2x Teil 9a
- 30 x 30 m Stoff in Beige mit roten Sternen (Rückseite)
- Zackenschere

Füllung, siehe Seite 6/7

Nähen

Zuerst die Vorderseite des Baums aus den Teilen 9b bis 9d zusammenfügen, dazu die gestrichelten Felder unter die markierten Flächen der angrenzenden Teile schieben und die Schnittkanten der oben liegenden Teile mit einem engen Zickzackstich grün übernähen.

Die fertige Vorderseite und das Rückseitenquadrat rechts auf rechts legen und die Vorderseite so aufnähen, dass die eingezeichneten Öffnungen frei bleiben. Das Rückseitenquadrat auf die Größe der Vorderseite zurückschneiden. Dann mit der Zackenschere die Nahtzugaben im kleinen Abstand zur Naht wegschneiden, an den Öffnungen die Nahtzugaben stehen lassen. Das Teil wenden und bügeln.

Den Stamm 9a ebenso zusammennähen, dabei die Oberseite offen lassen. Den Stamm mit Körnern befüllen und zunähen. Die Nahtzugaben an der Öffnung nach innen einschlagen, den befüllten Stamm in die Öffnung schieben und diese von Hand oder mit der Maschine verschließen. Das untere Baumteil durch die obere Öffnung der Tanne mithilfe eines Trichters befüllen. Erneut über die Zickzacknaht nähen und so die Kammer schließen. Die 2. Kammer genauso befüllen und verschließen. An der oberen Kammer nach der Befüllung die Nahtzugaben nach innen einschlagen und die Öffnung von Hand zunähen.

FÜCHSE

Schnittmuster 11a bis 11h auf Bogen B

Material & Zuschnitt

Die Nahtzugaben von 0,75 cm sind in den Maßen und Schnittteilen bereits enthalten, abweichende Angaben für den braunen Fuchs B stehen in eckigen Klammern.

- 50 x 30 cm Stoff in Fuchsia-Curry gepunktet [in Braun gemustert]
  ✂ 2x Körper 11a

Folgende Teile zum Applizieren vorbereiten, siehe Seite 10:

- 20 x 15 cm Stoff in Fuchsia-Curry gestreift [in Beige mit Pilzen]
  ✂ 1x Schwanz 11b
- 20 x 10 cm Stoff in Weiß
  ✂ 2x Backen 11d (2 gegengleiche Teile)
- 10 x 10 cm Stoff in Fuchsia [in Curry]
  ✂ 1x Schwanzspitze 11c; [Nasenspitze 11e]
- 7 x 4 cm Filz in Weiß
  ✂ 2x Auge 11f
- 6 x 3 cm Filz in Schwarz
  ✂ 2x Pupille 11g
- 10 x 5 cm Stoff in Curry [in Beige gemustert]
  ✂ 2x Ohr 11h (2 gegengleiche Teile); nur Modell A: Nasenspitze 11e
- 40 x 15 cm doppelseitig aufbügelbares Vlies (Vliesofix)
- Stickgarn in Braun und Schwarz
- Zackenschere

Füllung, siehe Seite 6/7

Nähen

Zuerst die Backen 11d und den Schwanz 11b auf den Körper applizieren, siehe Foto und Seite 10, dann die Augen 11f, die Schwanzspitze 11c, die Nase 11e und die Ohren 11h. Zum Schluss die Pupillen 11g aufbügeln und applizieren. Das Maul und die Schnurrhaare aufsticken, siehe Schnitt.

Die Körperteile 11a rechts auf rechts legen und rundum bis auf die eingezeichnete Öffnung zusammennähen. Mit der Zackenschere die Nahtzugaben im kleinen Abstand zur Naht wegschneiden, nur an der Öffnung die Nahtzugaben stehen lassen. An den Ecken die Nahtzugaben bis dicht an die Naht einschneiden, siehe Seite 9. Das Teil wenden und bügeln.

Das Kopfteil zuerst mit Körnern befüllen. Um die Kammer zu schließen, entlang der gepunkteten Linie die Lagen mit einem Geradstich dicht neben den Applikationsnähten aufeinandernähen.

Dann den Bauch befüllen, die Nahtzugaben an der Öffnung einschneiden und die Öffnung von Hand oder mit der Nähmaschine schließen.

mne
les soirées plus fraîches.
douce. Le jardinier regarde les feuilles
ses dernières récoltes. Il prépare son jardin
approchent.
Au menu de l'automne
: tout sur la pomme.
ET 37 : noix, noisette, châtaigne, coing, raisin, poire.
38 ET 39 : feuilles d'automne.
40 ET 41 : le potiron.
PAGE 42 : travaux d'automne au jardin.
PAGE 43 : bloc-notes.
RECETTES : pommes au four sur pain d'épices, clafoutis au raisin,
crumble poire-chocolat, pâte de coing, soupe et gâteau au potiron.
33

VÖGELCHEN

Schnittmuster 12a und 12b auf Bogen B

Material & Zuschnitt

Die Nahtzugaben von 0,75 cm sind in den Maßen und Schnittteilen bereits enthalten.

- 50 x 20 cm gemusterter Stoff in Magenta
  ✂ 2x Teil 12a

Folgende Teile zum Applizieren vorbereiten, siehe Seite 10:

- 10 x 10 cm Filz in Türkis
  ✂ 1x Teil 12b
- Filzreste in Gelb-Grün, Hellgrün und Grau
  ✂ Schnabel, Standfläche, Schwanzfedern, siehe Schnitt und Modellfoto
- 10 x 10 cm doppelseitig aufbügelbares Vlies (Vliesofix)
- Stickgarn in Schwarz

Füllung, siehe Seite 6/7

Nähen

Zuerst den Schnabel, dann den Körper, zum Schluss die Standfläche und die Schwanzfedern mittig mit Gradstich auf ein Teil 12a applizieren, siehe Seite 10. Das Auge mit einem Knötchenstich aus Stickgarn arbeiten, siehe Seite 11.

Die beiden Teile 12a rechts auf rechts legen und rundum bis auf eine Füll-/Wendeöffnung zusammennähen. Die Nahtzugaben an den Rundungen in kleinen Abständen bis dicht an die Naht einschneiden, siehe Seite 9. Das Teil wenden, bügeln und mit Körnern befüllen. Zum Schluss die Nahtzugaben an der Öffnung nach innen einschlagen und die Öffnung von Hand schließen.

Anleitung Füchse siehe Seite 29

EICHHÖRNCHEN

Schnittmuster 13a bis 13i auf Bogen B

Material & Zuschnitt

Die Nahtzugaben von 0,75 cm sind in den Maßen und Schnittteilen bereits enthalten.

- 65 x 45 cm Stoff mit blau-weißen Streifen
  - ✂ 2 Rechtecke à 30 x 40,5 cm
- 65 x 45 cm Stoff in Weiß für das Inlett
  - ✂ 2 Rechtecke à 30 x 40 cm
- 10 x 11 cm bunter Baumwollstoff für die Tasche

Folgende Teile zum Applizieren vorbereiten, siehe Seite 10:

- 20 x 10 cm Filz in Dunkelbraun
  - ✂ je 1x Bauch 13a, Kopf 13b und Schwanzspitze 13c
- 20 x 10 cm Filz in Hellbraun
  - ✂ je 1x Arm 13d, Fuß 13e und Schwanz 13f; 2x Ohr 13g
- 6 x 3 cm Filz in Beige
  - ✂ 1x Bauchfleck 13h
- Rest Filz in Weiß
  - ✂ 1x Auge 13i
- 20 x 20 cm doppelseitig aufbügelbares Vlies (Vliesofix)
- 17 cm Klettband, jeweils Flausch- und Hakenseite, 1 cm breit
- 1 m Zackenlitze in Hellgrün
- Stickgarn in Schwarz

Nähen

Zuerst den Schwanz 13f und die Ohren 13g, dann den Bauch 13a, die Schwanzspitze 13c und den Kopf 13b mittig auf ein gestreiftes Rechteck applizieren, siehe Seite 10, die Filzteile jedoch nur mit einem Geradstich aufnähen. Anschließend den Bauchfleck 13h und das Auge 13i, zum Schluss den Arm 13d und das Bein 13e aufbügeln und aufnähen. Mit dem Stickgarn und einem Knötchenstich die Pupille auf das Auge sticken, siehe Seite 11.

Die Zackenlitze als Rahmen um das Eichhörnchen heften und aufnähen, siehe Modellfoto. Für die Tasche an dem bunten Stoff alle Schnittkanten versäubern, 0,5 cm zur linken Seite umschlagen, bügeln und an einer Schmalseite den Umschlag mit einfacher Naht fixieren (= Tascheneingriff). Das Taschenteil auf den Stoff stecken und die übrigen drei Kanten aufnähen.

Für den Klettverschluss jeweils eine Schmalseite der gestreiften Teile versäubern und 0,5 cm breit nach rechts umbügeln. An diesen beiden Teilen jeweils mittig auf die rechte Seite der umgebügelten Kante eine Seite des Klettbands nähen, sodass das Klettband die Stoffschnittkante abdeckt. Die Stoffzuschnitte rechts auf rechts legen, sodass die Klettstreifen aufeinanderliegen, und rundum zusammennähen, siehe Seite 11. Den Bezug wenden und bügeln. Das Inlett nähen und befüllen, siehe Seite 10, und anschließend in den Bezug schieben.

PINGUIN

Schnittmuster 14a bis 14i auf Bogen B

Material & Zuschnitt

Die Nahtzugaben von 0,75 cm sind in den Maßen und Schnittteilen bereits enthalten.

- 50 x 10 cm Stoff in Schwarz mit weißen Punkten
  ✂ 1x Stirn 14a (zum Applizieren vorbereiten, siehe Seite 10); 4x Flügel 14f (je 2 gegengleiche Teile)
- 25 x 15 cm Stoff in Schwarz-Weiß mit Ornamenten
  ✂ 1x Bauch 14c
- 25 x 20 cm Stoff in Weiß
  ✂ 1x Kopf 14b; 2x Pupille 14i (zum Applizieren vorbereiten)
- 30 x 25 cm in Weiß mit schwarzen Punkten (Rückseite)
- 40 x 10 cm Stoff in Gelb
  ✂ 4x Fuß 14e (je 2 gegengleiche Teile); 1x Schnabel 14g (zum Applizieren vorbereiten)

Außerdem noch folgende Teile zum Applizieren vorbereiten:

- 10 x 10 cm Stoff in Weiß mit Schrift
  ✂ 1x Krawatte 14d
- 10 x 5 cm Stoff in Schwarz
  ✂ 2x Auge 14h
- 35 x 15 cm doppelseitig aufbügelbares Vlies (Vliesofix)
- Zackenschere

Füllung, siehe Seite 6/7

Nähen

Zuerst die Stirn 14a, die Krawatte 14d und die Augen 14h applizieren, siehe Seite 10 und Modellfoto, anschließend den Schnabel 14g und die Pupillen 14i.

Die Vorderseite des Pinguins aus den Teilen 14b und 14c zusammenfügen, dazu die gestrichelte Fläche des Bauchs unter das Kopfteil schieben und die Schnittkante des Kopfteils mit einem Zickzackstich übernähen.

Die fertige Vorderseite und das Rückseitenrechteck rechts auf rechts legen und die Vorderseite so aufnähen, dass die eingezeichneten Öffnungen frei bleiben. Das Rückenteilrechteck auf die Größe der Vorderseite zurückschneiden. Dann mit der Zackenschere die Nahtzugaben im kleinen Abstand zur Naht wegschneiden, an den Öffnungen die Nahtzugaben stehen lassen. Den Pinguin wenden und bügeln.

Je 2 Flügel- und Beinteile rechts auf rechts bis auf die gepunktete Ansatzkante aufeinandernähen, die Nahtzugaben mit der Zackenschere zurückschneiden, die Teile wenden und bügeln.

Die Flügel und Füße mit Körnern befüllen und die Öffnungen zunähen. Dann die Teile in die entsprechenden Öffnungen des Körpers schieben, dabei die Nahtzugaben der Öffnungen nach innen einschlagen und die Öffnungen mit der Maschine zunähen.

Zuerst den Bauch mit Körnern füllen, dann diese Kammer mit einer Geradstichnaht unterhalb der Zickzacknaht schließen.

Unterhalb der Stirn entlang der Zickzacknaht die 2. Kammer bis auf eine kleine Füllöffnung abnähen, dann den Kopf befüllen und die Öffnung schließen. Zum Schluss die Stirn befüllen und die Nahtzugaben nach innen einschlagen und die Öffnung mit einem engen Zickzackstich schließen.

MIEZEKATZEN

Schnittmuster 15a bis 15i auf Bogen B

Material & Zuschnitt

Die Nahtzugaben von 0,75 cm sind in den Maßen und Schnittteilen bereits enthalten, die Materialangaben für die helle Katze B stehen in eckigen Klammern.

- 20 x 20 cm Stoff in Beere mit Punkten [in Rosa mit kleinen Punkten]
  ✂ 1x Kopf 15a
- 25 x 20 cm Stoff in Pink mit Sechsecken [in Rosa mit großen Punkten]
  ✂ 1x Bauch 15b
- 25 x 35 cm Stoff in Beere-Rosa-Weiß gestreift (Rückseite)

Folgende Teile zum Applizieren vorbereiten, siehe Seite 10:

- 25 x 15 cm in Beere mit Punkten [in Rosa mit Blumenmuster]
  ✂ 1x Schwanz 15c
- 25 x 10 cm gestreifter Stoff
  ✂ 1x Halsband 15e
- 10 x 10 cm in Rosa mit Punkten [in Rosa mit Erdbeermuster]
  ✂ 2x Ohr 15i (2 gegengleiche Teile)
- 10 x 5 cm Stoff in Weiß
  ✂ 2x Auge 15g
- 5 x 3 cm Stoff in Schwarz
  ✂ 2x Pupille 15h
- 2 Stoffreste in Rosa [Pink], je ca. 5 x 5 cm groß
  ✂ 1x Nase 15f; 1x Herz 15d
- Rest Baumwollkordel, ca. 2 cm, 2 mm Ø
- 25 x 20 cm doppelseitig aufbügelbares Vlies (Vliesofix)
- Zackenschere

Füllung, siehe Seite 6/7

Nähen

Zuerst den Bauch 15b mit der Oberkante ca. 1 cm weit unter das Kopfteil 15a schieben. Die Schnittkante des Kopfteils mit einem Zickzackstich übernähen.

Die Augen 15g aufbügeln, anschließend das Baumwollband wie eingezeichnet als Aufhängung für das Herz aufnähen, dann die Teile 15c bis 15i applizieren, siehe Seite 10, Schnittmuster sowie Modellfoto.

Die Barthaare sowie die Schnauze mit einem Zickzackstich (Stichbreite = 2 mm) aufsticken.

Die fertige Vorderseite und das Rückseitenrechteck rechts auf rechts legen und die Vorderseite so aufnähen, dass die eingezeichnete Öffnung frei bleibt. Das Rückseitenrechteck auf die Größe der Vorderseite zurückschneiden. Dann mit der Zackenschere die Nahtzugaben im kleinen Abstand zur Naht wegschneiden, an der Öffnung die Nahtzugaben stehen lassen. Das Teil wenden und bügeln.

Zuerst den Kopf befüllen, die Kammer mit einer Geradstichnaht unterhalb des Halsbandes schließen. Dann wird das Bauchteil befüllt und die Nahtzugaben an der Öffnung nach innen eingeschlagen. Zum Schluss die Öffnung mit der Hand oder der Maschine schließen.

PATCHWORK

Material & Zuschnitt

Die Nahtzugaben von 0,75 cm sind in den Maßen bereits enthalten.

- Je 45 x 20 cm Baumwollstoff in 4 unterschiedlichen Mustern
  ✂ je Stoff 4 Rechtecke à 10 x 15 cm
- 40 x 30 cm Baumwollstoff für die Rückseite
  ✂ 1 Rechteck à 36 x 27 cm
- 50 cm Baumwollspitze in Gelb, 1 cm breit
- 50 cm Zackenlitze in Rot
- 1 Blatt Papier, DIN A3

Füllung, siehe Seite 6/7

Nähen

Die kleinen Rechtecke zuerst an den Längskanten rechts auf rechts zu 3 Streifen à 5 Rechtecken zusammensetzen. Die Nahtzugaben jeweils in eine Richtung bügeln, dann die Streifen zu einem Rechteck zusammennähen (= ca. 42 x 44 cm). Das Blatt Papier als Schnittmuster auf die Größe 27 x 36 cm zuschneiden und leicht diagonal auf das Nähstück legen, siehe Modellfoto. Das Rechteck aufzeichnen und ausschneiden. Den Stoffzuschnitt rechts auf rechts auf den Stoff für die Rückseite legen und alle Seiten zusammennähen, dabei eine Wendeöffnung lassen. Die Nahtzugaben an den Ecken zurückschneiden, siehe Seite 9. Die Hülle wenden, befüllen und die Öffnung von Hand schließen.

Entlang der diagonal verlaufenden Nähte 4 Trennnähte arbeiten, siehe Seite 11, dabei abwechselnd Spitze und Zackenlitze mit aufnähen.

Duftkissen aus Resten

Die beiden übrig gebliebenen großen Stoffdreiecke (vom Zuschnitt des Patchwork-Körnerkissens) an den langen Kanten rechts auf rechts zu einem Rechteck zusammennähen und zu einem Duftkissen (siehe Seite 43 Duftdreieck) verarbeiten.

Ein 30 cm langes Stück Zackenlitze als Schleife anbringen. Die Wendeöffnung nach dem Befüllen des Duftkissens mit Garn in einer Kontrastfarbe von Hand zunähen – so kann die Stelle zum Auswechseln der Füllung leichter gefunden werden.

STOFFBLÜTEN

Schnittmuster 16 und 17 auf Bogen D

Material & Zuschnitt

Die Nahtzugaben von 0,75 cm sind in den Maßen und Schnittteilen bereits enthalten.

- 60 x 30 cm Stoff in Rosa mit Tupfen
  ✂ 2 Kreise, 28 cm Ø
- 135 x 20 cm gestreifter Stoff
  ✂ 4x Dreieck 16
- 20 x 10 cm Stoff in Petrol mit Rosen
- 25 x 10 cm Stoff in Rot
  ✂ 23 x 5 cm
- 1 Knopf, 15 mm Ø

Füllung, siehe Seite 6/7

Nähen

Je 2 Dreiecke 16 rechts auf rechts legen, an den langen Kanten zusammennähen und die Nahtzugaben an der Spitze bis dicht an die Naht wegschneiden, siehe Seite 9. Dann die Dreiecke wenden und bügeln. Die Dreiecke auf die rechte Stoffseite eines Kreises legen, siehe Modellbild, die offenen Kanten der Dreiecke liegen an den Kreisschnittkanten. Den anderen Kreis rechts auf rechts über den 1. Kreis legen und rundum bis auf eine Wendeöffnung zusammennähen. Die Nahtzugaben einschneiden, siehe Seite 9, und das Nähstück wenden.

★ Für die Blätter den Rosenstoff links auf links legen, das Blatt 17 2x auf den Stoff übertragen und entlang der Linie mit eng eingestelltem Zickzackstich umnähen. Die Blätter knapp neben der Naht ausschneiden. Für die Blüte den Stoffstreifen der Länge nach links auf links doppelt legen und an der langen Schnittkante einen Kräuselfaden einziehen (= mit großem Geradstich an der Kante entlangnähen, dabei Nahtanfang und -ende nicht verriegeln und die Fäden lang genug hängen lassen). Mit dem Kräuselfaden den Streifen ganz eng einkräuseln und die Fadenenden verknoten. Die Schmalseiten des Streifens von Hand zusammennähen. Die Blätter und die Blüte von Hand auf das Kissen nähen. Den Knopf als Blütenmitte aufnähen. ★ Das Kissen befüllen, die Nahtzugaben an der Öffnung nach innen einschlagen und die Öffnung von Hand zunähen. Die Spitzen der Dreiecke zu einem Knoten binden.

DUFTDREIECK

Schnittmuster 17 auf Bogen D

Material & Zuschnitt

Die Nahtzugaben von 0,75 cm sind in den Maßen und Schnittteilen bereits enthalten.

- 35 x 20 cm Stoff in Petrol mit Rosen

  ✂ 1 Rechteck à 30 x 15 cm
- 20 x 10 cm Stoff in Rosa mit Tupfen
- 1 Knopf, 13 mm Ø
- 25 cm Satinband in Rot, 3 mm breit
- Rest Füllwatte
- Getrocknete Kräuter

Nähen

Das große Stoffrechteck rechts auf rechts legen (= 15 x 15 cm), 2 Seiten zusammennähen. Die verbleibende Öffnung so legen, dass die Naht in der Mitte auf die noch offene Kante trifft. Die Naht schließen, dabei eine kleine Wendeöffnung lassen. Das Teil wenden. Die Blätter und den Knopf, wie links zwischen den ★ beschrieben, nähen und anbringen. Das Duftkissen mit Füllwatte und Kräutern füllen. Die Nahtzugabe der Wendeöffnung nach innen einschlagen und feststeppen. An jeder Seite ein 12 cm langes Stück Satinband annähen und zur Schleife binden. So kann die Füllung schnell ersetzt werden.

AUGENBINDE

Schnittmuster 17 auf Bogen D und 18 auf Bogen B

Material & Zuschnitt

Die Nahtzugaben von 0,75 cm sind in den Maßen und Schnittteilen bereits enthalten.

- 50 x 15 cm gemusterter Stoff in Rot

  ✂ 2x Teil 18
- 20 x 10 cm Stoff in Petrol mit Rosen
- 25 x 10 cm Stoff in Rosa mit Punkten

  ✂ 23 x 5 cm
- 1 Knopf, 15 mm Ø
- 1 m Schleifenband
- ca. 130 g Hirse

Füllung, siehe auch Seite 6/7

Nähen

Das Band in 2 Stücke à 50 cm teilen. Die Schnittteile 18 rechts auf rechts legen, die Bänder an den markierten Stellen zwischenfassen, siehe Seite 9, und die Teile bis auf eine Füll-/Wendeöffnung rundum zusammennähen. Die Nahtzugaben an den Rundungen einschneiden, siehe Seite 9, das Teil wenden. Die Blätter und die Blüte, wie links zwischen den ★ beschrieben, arbeiten und aufnähen. Die Hirse einfüllen und die Wendeöffnung von Hand schließen.

IGEL

Schnittmuster 19a bis 19f auf Bogen C

Material & Zuschnitt

Die Nahtzugaben von 0,75 cm sind in den Maßen und Schnittteilen bereits enthalten, die Materialangaben für den Igel mit grauem Gesicht B stehen in eckigen Klammern. Nase und Herz des Igels finden Sie jeweils 2x auf dem Bogen, davon 1x gespiegelt. Schneiden Sie die Teile entsprechend der Blickrichtung, die der Igel haben soll, zu.

- 20 x 20 cm Stoff in Grün-Weiß gestreift [in Grau-Weiß mit Punkten]
  ✂ 1x Kopf 19a
- 60 x 25 cm Stoff in Blau mit Blattmustern [in Hellpetrol mit Fuchsmuster]
  ✂ 1x Stachelkleid 19b; 1 Rechteck à 35 x 25 cm für die Rückseite

Folgende Teile zum Applizieren vorbereiten, siehe Seite 10:

- 15 x 10 cm Stoff in Mittelblau [in Grau mit Sternen]
  ✂ 1x Herz 19f
- 10 x 5 cm Stoff in Schwarz
  ✂ 1x Nase 19c; 1x Pupille 19e
- 10 x 5 cm Stoff in Weiß
  ✂ 1x Auge 19d
- 15 x 10 cm doppelseitig aufbügelbares Vlies (Vliesofix)
- Zackenschere

Füllung, siehe Seite 6/7

Nähen

Den Kopf 19a mit der schraffierten Fläche unter das Stachelkleid 19b schieben und feststecken. Die Schnittkante des Stachelkleids mit einem Zickzackstich übernähen.

Zuerst das Auge 19d, das Herz 19f und die Nase 19c applizieren, siehe Seite 10 und Schnitt, anschließend die Pupille 19e applizieren. Die fertige Vorderseite und das Rückseitenrechteck rechts auf rechts legen und die Vorderseite so aufnähen, dass die eingezeichnete Öffnung frei bleibt. Das Rückseitenrechteck auf die Größe der Vorderseite zurückschneiden. Dann mit der Zackenschere die Nahtzugaben im kleinen Abstand zur Naht wegschneiden, an der Öffnung die Nahtzugaben stehen lassen. An den Stacheln die Nahtzugaben an den Spitzen schräg bis dicht an die Naht abschneiden, an den Innenecken die Nahtzugaben bis dicht an die Naht einschneiden, siehe Seite 9. Das Teil wenden und bügeln.

Zuerst den Kopf mit Körnern befüllen, dann die Kammer entlang der Zickzacknaht (gepunktete Linie) mit einem Geradstich verschließen. Zum Schluss das Stachelkleid befüllen, dann die Nahtzugaben an der Öffnung nach innen einschlagen und die Naht von Hand oder mit der Maschine schließen.

WICHTELMÄNNCHEN

Schnittmuster 20a bis 20f auf Bogen C

Material & Zuschnitt

Die Nahtzugaben von 0,75 cm sind in den Maßen und Schnittteilen bereits enthalten, die Materialangaben für den Wicht B (kleines Foto) stehen in eckigen Klammern.

- 25 x 20 cm Stoff in Grau mit Punkten [in Blau mit Punkten]
  ✂ 1x Kopf 20a
- 55 x 25 cm Stoff in Blau mit Blättern [in Blau mit Schleifen]
  ✂ 1x Mütze 20b; 1 Rechteck à 30 x 25 cm für die Rückseite
- 20 x 10 cm in Grau mit Sternen [in Weiß mit Blumenmuster]
  ✂ 2x Bommel 20c

Folgende Teile zum Applizieren vorbereiten, siehe Seite 10:

- 10 x 5 cm Stoff in Braun [in Hellblau]
  ✂ 1x Nase 20d
- 10 x 5 cm Stoff in Weiß
  ✂ 2x Auge 20e
- 10 x 5 cm Stoff in Schwarz
  ✂ 2x Pupille 20f
- 60 cm Zackenlitze in Schwarz [in Weiß]
- Nähgarn in Schwarz [in Blau]
- 10 x 10 cm doppelseitig aufbügelbares Vlies (Vliesofix)
- Zackenschere

Füllung, siehe Seite 6/7

Nähen

Den Kopf 20a mit der schraffierten Fläche unter die Mütze 20b schieben und feststecken. Die Schnittkante der Mütze mit einem Zickzackstich übernähen.

Zuerst die Augen 20e und die Nase 20d applizieren, siehe Seite 10 und Schnitt, anschließend die Pupillen 20f applizieren.

Die fertige Vorderseite und das Rückseitenrechteck rechts auf rechts legen und die Vorderseite so aufnähen, dass die eingezeichnete Öffnung frei bleibt. Das Rückseitenrechteck auf die Größe der Vorderseite zurückschneiden. Dann mit der Zackenschere die Nahtzugaben im kleinen Abstand zur Naht wegschneiden, an der Öffnung die Nahtzugaben stehen lassen. Das Teil wenden und bügeln. Die beiden Bommelteile genauso zusammennähen. Dann den Bommel mit Körnern befüllen, die Nahtzugaben an der Öffnung nach innen einschlagen und die Öffnung zunähen.

Zuerst den Kopf mit Körnern befüllen, dann die Kammer entlang der Zickzacknaht (gepunktete Linie) mit einem Geradstich verschließen. Anschließend die Mütze befüllen, die Nahtzugaben an der Öffnung nach innen einschlagen, den Bommel in die Öffnung schieben und die Öffnung schließen.

Zum Abschluss die Zackenlitze rundum an die Mütze nähen, dabei an einer Ecke beginnen, Litzenanfang und -ende knapp nach innen einschlagen und die Körner beim Annähen ein wenig zur Seite schütteln!

kalt &
warm
Kompresse

kalt &
8,5 x 14,5 cm

EINFACHE BANDAGE

Material & Zuschnitt

Die Nahtzugaben von 0,75 cm sind in den Maßen und Schnittteilen bereits enthalten.

- 3 unterschiedlich gemusterte Baumwollstoffe A bis C
  - 75 x 25 cm Stoff A

  ✂ 1 Rechteck à 31,5 x 20,5 cm (Hauptteil); 1 Streifen à 40 x 10 cm (Band)
  - 70 x 20 cm Stoff B

  ✂ 1 Rechteck à 24 x 18 cm (Tasche); 1 Streifen à 40 x 10 cm (Band)
  - 85 x 15 cm Stoff C

  ✂ 2 Streifen à 40 x 10 cm (Bänder)
- 1 Kühlkompresse, 9 x 14 cm

Nähen

Die 4 Stoffstreifen für die Bänder jeweils der Länge nach rechts auf rechts doppelt legen und an einer Schmal- und einer Längsseite zusammennähen, wenden und bügeln.

Das Hauptteil rechts auf rechts doppelt legen (= 20,5 x 15,75 cm) und die offenen Längskanten zusammennähen. Das Teil wenden und bügeln. An den Schmalseiten die Schnittkanten 1 cm nach innen einschlagen, auf jeder Seite an den Ecken zwei Bänder mit der offenen Seite zwischen die Stofflagen schieben und die Schmalseiten jeweils mit einer Naht schließen.

Den Stoff für die Tasche links auf links doppelt legen (= 18 x 12 cm), die Schnittkanten versäubern, 1 cm breit nach links einschlagen und als Tasche mittig auf das Hauptteil nähen, dabei ist die Stoffbruchkante der Tascheneingriff. Die vorgekühlte Kühlkompresse in die Tasche schieben, die Manschette an gewünschter Stelle auflegen und mit den Bändern fixieren.

BANDAGE FÜR KÜHLKOMPRESSEN

Skizze 22 auf Bogen C

Material & Zuschnitt

Die Nahtzugaben von 1 cm sind in den Maßen und Schnittteilen bereits enthalten.

- 60 x 30 cm Stoff mit blau-rotem Muster
  ✂ 1 Rechteck à 54 x 26 cm (Hauptteil)
- 60 x 25 cm Stoff mit weiß-rotem Muster
  ✂ 1 Rechteck à 25 x 18 cm (Tasche); 2 Streifen à 32 x 10,5 cm (Bänder)
- 32 cm Klettband (Flauschseite) in Weiß, 4 cm breit
- 14 cm Klettband (Hakenseite) in Weiß, 4 cm breit
- 15 cm Baumwollband in Grün mit Spitzenkante
- 1 Kühlkompresse, 9 x 14 cm

Anleitung Frosch siehe Seite 52

Nähen

Die 2 Streifen für die Bänder jeweils der Länge nach rechts auf rechts legen, eine Schmalseite und die Längsseite zusammennähen, wenden und bügeln.
Das Hauptteil längs rechts auf rechts legen, an der Längs- und einer Schmalseite zusammennähen, wenden und bügeln. An der offenen Seite die Schnittkanten 1 cm weit nach innen einschlagen und zunähen, dabei die Bänder jeweils mit der offenen Seite zwischenfassen, siehe Skizze.
Den Stoff für die Tasche links auf links doppelt legen (= 12,5 x 18 cm), die Schnittkanten versäubern und 1 cm weit umschlagen. Die Tasche laut Skizze aufnähen, dabei ist die Stoffbruchkante der Tascheneingriff.
Das Baumwollband als Schlaufe für die Bänder an den Außenkanten und in der Mitte auf dem Stoff fixieren, siehe Skizze. Die Klettbandstücke jeweils teilen, laut Skizze platzieren und festnähen.
Die vorgekühlte Kühlkompresse in die Tasche schieben, die Manschette an gewünschter Stelle auflegen und mit den Bändern fixieren.

FROSCH

Schnittmuster 21a bis 21f auf Bogen C

Material & Zuschnitt

Die Nahtzugaben von 0,75 cm sind in den Maßen und Schnittteilen bereits enthalten.

- 25 x 25 cm Stoff in Grün mit kleinen Punkten
  ✂ 1x Körper 21a (Vorderseite)
- 30 x 35 cm Stoff in Blau mit großen Punkten
  ✂ 1x Körper 21a (gegengleich zur Vorderseite);
  1 Streifen à 25 x 5 cm für das Schleifenband;
  ✂ 1x Halstuch 21c (zum Applizieren vorbereiten, siehe Seite 10)
- 30 x 10 cm Stoff in Blau mit grünen Punkten
  ✂ 2x Krone 21d

Folgende Teile ebenfalls zum Applizieren vorbereiten:

- 15 x 10 cm Stoff in Grün/Blau gestreift
  ✂ 1x Bauchfleck 21b
- 10 x 5 cm Filz in Weiß
  ✂ 2x Auge 21e
- 10 x 5 cm Filz in Schwarz
  ✂ 2x Pupille 21f
- 25 cm Zackenlitze in Weiß
- 35 x 10 cm doppelseitig aufbügelbares Vlies (Vliesofix)
- Zackenschere

Füllung, siehe Seite 6/7

Nähen

Zuerst die Augen 21e und den Bauchfleck 21b applizieren, siehe Seite 10, dann das Halstuch 21c und die Pupillen 21f aufbügeln und applizieren. Den Mund mit einem engen Zickzackstich aufsticken.

Die beiden Körperteile 21a rechts auf rechts legen und rundum bis auf die eingezeichnete Öffnung zusammennähen. Mit der Zackenschere die Nahtzugaben im kleinen Abstand zur Naht wegschneiden, nur an der Öffnung die Nahtzugaben stehen lassen. Das Teil wenden und bügeln.

Die Krone ebenso zusammennähen, befüllen und die Öffnung schließen.

Die Zackenlitze um die Krone legen und von Hand annähen.

Den Bauch des Frosches mit Körnern befüllen und die Kammer unterhalb der Zickzacklinie des Tuches (gepunktete Linie am Hals) mit einer Geradstichnaht schließen.

Körner in den Kopfbereich füllen, die Nahtzugaben an der Öffnung nach innen einschlagen, dann die Krone in die Öffnung schieben und die Öffnung mit engen Stichen von Hand oder mit der Maschine schließen.

Die Schmalseiten des Bands 1 cm breit nach links umbügeln, dann die Längskanten jeweils 2x 1,25 cm breit nach links umbügeln. Die offenen Kanten rundum aufeinandernähen.

Eine Schleife formen, mit Nähgarn fixieren und dann an den Froschkörper nähen.

VOGEL

Schnittmuster 23a bis 23f auf Bogen C

Material & Zuschnitt

Die Nahtzugaben von 0,75 cm sind in den Maßen und Schnittteilen bereits enthalten.

- 30 x 30 cm Stoff in Blau mit kleinen Punkten
  ✂ 1x Körper 23a (Vorderteil)
- 30 x 30 cm Stoff in Grün
  ✂ 1x Körper 23a (Rückenteil)
- 90 x 20 cm Stoff in Grün mit großen Punkten
  ✂ 2x Mütze 23b
- 20 x 10 cm Stoff mit bunter Vogelbordüre (auf Musterausschnitt achten)
  ✂ 1x Streifen 23f

Folgende Teile zum Applizieren vorbereiten, siehe Seite 10:

- 5 x 5 cm Stoff in Gelb
  ✂ 1x Schnabel 23c
- 10 x 5 cm Stoff in Weiß
  ✂ 2x Auge 23d
- 10 x 5 cm Stoff in Schwarz
  ✂ 2x Pupille 23e
- 20 x 10 cm doppelseitig aufbügelbares Vlies (Vliesofix)
- Zackenschere

Füllung, siehe Seite 6/7

Nähen

Zuerst die Augen 23d und den Schnabel 23c applizieren, siehe Seite 10, dann die Pupillen 23e aufbügeln und applizieren.

Das Vorder- und Rückenteil rechts auf rechts legen und rundum bis auf die eingezeichnete Öffnung zusammennähen. Mit der Zackenschere die Nahtzugaben im kleinen Abstand zur Naht wegschneiden, nur an der Öffnung die Nahtzugaben stehen lassen. An den Ecken die Nahtzugaben bis dicht an die Naht einschneiden, siehe Seite 9. Das Teil wenden und bügeln.

Zunächst die Flügel befüllen und dann entlang der gepunkteten Linie mit einem Geradstich verschließen. Als 2. Kammer den Körper bis über die Augen befüllen und ebenfalls entlang der gepunkteten Linie verschließen. Dann noch das obere Kopfteil befüllen, die Nahtzugaben an der Öffnung nach innen einschlagen und die Öffnung mit der Maschine zunähen.

Die Ober- und Unterkante des Streifens mit der Vogelbordüre jeweils 1 cm breit nach links umbügeln, den Streifen auf dem Mützenvorderteil feststecken, siehe gestrichelte Linie im Schnitt, und oben und unten schmalkantig feststeppen. Dann die Mützenteile rechts auf rechts aufeinanderlegen und bis auf die untere gerade Kante zusammennähen, wenden und bügeln. An der offenen Kante die Nahtzugaben nach innen einschlagen und absteppen.

Die Mütze über das Kopfteil ziehen und mit der Hand annähen, dabei die Augen ein wenig verdecken. Das Mützenende verknoten.

MONSTERCHEN

Schnittmuster 24a bis 24i auf Bogen C

Material & Zuschnitt

Die Nahtzugaben von 0,75 cm sind in den Maßen und Schnittteilen bereits enthalten.

- 30 x 20 cm Stoff in Blau mit großen Punkten
  ✂ 1x Kopf 24a
- 40 x 30 cm Stoff in Blau-Grün gestreift
  ✂ 1x Bauch 24b; 1 Haarteil à 25 x 6,5 cm
- 30 x 30 cm Stoff in Mittelblau (Rückseite)
- Je 30 x 10 cm Stoff in Grün gestreift und Grün gepunktet
  ✂ je 1 Haarteil à 25 x 6,5 cm

Folgende Teile zum Applizieren vorbereiten, siehe Seite 10:

- 15 x 10 cm Stoff in Gelb
  ✂ 2x oberer Zahn 24c; 1x unterer Zahn 24d
- 10 x 10 cm Stoff in Bordeaux mit weißen Punkten
  ✂ 1x Flicken 24e
- 15 x 10 cm Stoff in Weiß
  ✂ je 1x Auge 24g und 24h
- 10 x 5 cm Stoff in Schwarz
  ✂ 2x Pupille 24i
- 40 x 10 cm doppelseitig aufbügelbares Vlies (Vliesofix)
- 30 cm Zackenlitze in Schwarz
- Nähgarn in Rot
- Zackenschere

Füllung, siehe Seite 6/7

Nähen

Die Haarstreifen jeweils der Länge nach rechts auf rechts legen. Die Längsseite und eine Schmalseite zusammennähen, die Nahtzugaben an den Ecken zurückschneiden, siehe Seite 9, die Haare wenden und bügeln. Dann die Haare im oberen Bereich knoten, so viele Körner einfüllen, dass die unteren 3,5 cm ungefüllt bleiben, und jeweils 3 cm von der unteren Kante entfernt mit einer Naht verschließen.

Zuerst die Vorderseite des Monsters aus den Teilen 24a und 24b zusammenfügen, dazu die gestrichelte Fläche unter das Kopfteil schieben und die Schnittkante des Kopfteils mit einem Zickzackstich übernähen.

Zuerst die Augen 24g und 24h, die Nase 24f, die Zähne 24c und 24d sowie den Flicken 24e applizieren, siehe Seite 10, dann die Pupillen 24i aufbügeln und applizieren.

Die Zackenlitze aufnähen, siehe Modellfoto.

Die Haare an den Markierungen rechts auf rechts auf die Vorderseite legen, dabei zeigen die Knoten nach innen, die unbefüllten Haarenden zeigen nach außen, sodass die Verschlussnähte der Haare jeweils 0,75 cm von der Stoffkante entfernt nach innen liegen.

Die fertige Vorderseite und das Rückseitenrechteck rechts auf rechts legen und die Vorderseite so aufnähen, dass die eingezeichnete Öffnung frei bleibt. Das Rückseitenrechteck auf die Größe der Vorderseite zurückschneiden. Dann mit der Zackenschere die Nahtzugaben im kleinen Abstand zur Naht wegschneiden, an der Öffnung die Nahtzugaben stehen lassen. Das Teil wenden und bügeln.

Den unteren Bauchbereich befüllen und die Kammer mit einer 2. Naht auf der Zackenlitze schließen. Dann den übrigen Körper befüllen, die Nahtzugaben an der Öffnung nach innen einschlagen und die Öffnung von Hand oder mit der Maschine schließen.

PILZE

Schnittmuster 25a bis 25k auf Bogen C

Material & Zuschnitt

Die Nahtzugaben von 0,75 cm sind in den Maßen und Schnittteilen bereits enthalten.

- 55 x 15 cm Stoff in Rot-Weiß gepunktet
  ✂ 2 Rechtecke à x 11 x 25 cm
- 105 x 40 cm Stoff in Grün gemustert
  ✂ 2x Teil 25a im Stoffbruch

Folgende Teile zum Applizieren vorbereiten, siehe Seite 10:

- 15 x 10 cm Filz in Rot
  ✂ je 2x Pilzhüte 25g + 25h
- 10 x 5 cm Filz in Natur
  ✂ je 2x Pilzlammellen 25e + 25f
- 15 x 10 cm Filz in Weiß
  ✂ je 2x Pilzstiele 25c + 25d; je 8x Pilzpunkte 25i und 25j; 4x Pilzpunkt 25k
- 35 x 10 cm doppelseitig aufbügelbares Vlies (Vliesofix)
- Textilkleber

Füllung, siehe Seite 6/7

Nähen

Die rot-weißen Stoffteile zum Kragen zusammennähen, dazu die Teile rechts auf rechts legen, beide Längsseiten und eine Schmalseite zusammennähen und das Nähstück wenden. Die offene Kante 1 cm breit nach links umbügeln. Eine Trennnaht in der Mitte und eine Naht parallel zu einer Längsseite mit 1 cm Abstand zur Kante nähen. Die breiten Röhren befüllen und die Öffnung von Hand oder mit der Maschine zunähen.

Für die Pilze zuerst die Stiele 25c und 25d, dann die Lamellen 25e und 25f und anschließend die Pilzhüte 25g und 25h applizieren, siehe Seite 10 und Skizze 25b, dabei statt mit einer Zickzacknaht die Teile mit Geradstich knappkantig aufnähen. Zum Schluss die Filzpunkte mit Textilkleber fixieren.

Den Kragen zwischen den Markierungen rechts auf rechts auf einen grünen Stoffzuschnitt 25a stecken, sodass die 1 cm breit abgesteppte Kante an der Stoffkante und der Kragen auf dem Stoff liegt. Den 2. Stoffzuschnitt 25a rechts auf rechts auf den 1. legen. Die Stoffzuschnitte ringsherum zusammennähen, dabei eine Wendeöffnung lassen. Die Nahtzugaben an den Rundungen einschneiden, siehe Seite 9, das Teil wenden und befüllen. Die Nahtzugaben an der Öffnung nach innen einschlagen und die Wendeöffnung von Hand schließen.

Bei Bedarf noch Trennnähte arbeiten, siehe Seite 11, damit die Körner gleichmäßig verteilt bleiben.

Tipp

Dünne Baumwollstoffe doppelt verarbeiten: Dadurch fühlt sich das Kissen angenehmer an und die dunkle Farbe der Körner schimmert bei hellen Stoffen nicht durch.

KROKODIL

Schnittmuster 27a bis 27f auf Bogen D

Material & Zuschnitt

Die Nahtzugaben von 0,75 cm sind in den Maßen und Schnittteilen bereits enthalten.

- 45 x 20 cm Stoff in Braun mit Punkten in Petrol
  ✂ 1x Körper 27a
- 25 x 10 cm in Beige mit Dreiecken
  ✂ 1x Bauch 27b
- 40 x 10 cm in Petrol
  ✂ 4x Fuß 27c (je 2 gegengleiche Teile); 1x Nasenloch 27f
  (zum Applizieren vorbereiten, siehe Seite 10)
- 45 x 20 cm Stoff mit Blumenmuster, farblich abgestimmt (Rückenteil)

Außerdem folgende Teile zum Applizieren vorbereiten, siehe Seite 10:

- 10 x 10 cm Stoff in Weiß
  ✂ 1x Auge 27d
- 5 x 5 cm Stoff in Schwarz
  ✂ 1x Pupille 27e
- 10 x 10 cm doppelseitig aufbügelbares Vlies (Vliesofix)
- 16 cm Zackenlitze in Weiß
- Zackenschere

Füllung, siehe Seite 6/7

Anleitung Schulterkissen siehe Seite 62

Nähen

Zuerst das Auge 27d applizieren, siehe Seite 10, dann das Nasenloch 27f und zum Schluss die Pupille 27e aufbügeln und applizieren. Die Zackenlitze als Maul aufnähen.

Dann den Körper zusammenfügen, dazu die gestrichelte Fläche des Bauchs 27b unter den Körper 27a schieben und die Schnittkante des Körpers mit einem Zickzackstich übernähen.

Die fertige Vorderseite und das Rückenteilrechteck rechts auf rechts legen und die Vorderseite so aufnähen, dass die eingezeichneten Öffnungen frei bleiben. Das Rückenteilrechteck auf die Größe der Vorderseite zurückschneiden. Dann mit der Zackenschere die Nahtzugaben im kleinen Abstand zur Naht wegschneiden, an den Öffnungen die Nahtzugaben stehen lassen. An den Ecken die Nahtzugaben bis dicht an die Naht einschneiden, siehe Seite 9. Das Teil wenden und bügeln.

Die Fußteile jeweils rechts auf rechts aufeinandernähen, dabei die Oberkante offen lassen. Die Nahtzugaben, wie oben beschrieben, zurückschneiden, die Füße wenden und bügeln. Körner in die Füße füllen und die Öffnungen entlang der gepunkteten Linien verschließen, siehe Schnitt.

Am Bauchteil eine Geradstichnaht neben der Zickzacknaht nähen, um die beiden oberen Kammern abzugrenzen. Vom Schwanz aus die Körner in das Kopfteil rieseln lassen, dann diese Kammer an der gepunkteten Linie hinter dem Ohr verschließen. Den oberen Teil des Körpers füllen, die Nahtzugaben an der Öffnung nach innen einschlagen und die Öffnung verschließen.

An den Öffnungen für die Füße die Nahtzugaben ebenfalls nach innen einschlagen, einen Fuß in eine Öffnung schieben und diese schließen. Das untere Bauchteil befüllen, dann den anderen Fuß einsetzen.

SCHULTERKISSEN

Schnittmuster 25a und 26a bis 26c auf Bogen C

Material & Zuschnitt

Die Nahtzugaben von 0,75 cm sind in den Maßen und Schnittteilen bereits enthalten.

- 105 x 40 cm Baumwollstoff in Grau

  ✂ 2x Teil 25a im Stoffbruch

Folgende Teile zum Applizieren vorbereiten, siehe Seite 10:

- Je 25 x 10 cm Stoff in Hellgrau, Hellgrün, Türkis und Grau mit Tupfen

  ✂ 3x Kreis 26a; je 4x Kreise 26b und 26c, Farben nach Wunsch oder Modellfoto

- 80 x 10 cm doppelseitig aufbügelbares Vlies (Vliesofix)

Füllung, siehe Seite 6/7

Nähen

Die Kreise auf der rechten Seite eines Stoffzuschnitts 26a applizieren, siehe Seite 10 und Modellfoto, dabei die unten liegenden Kreise zuerst festnähen und dann erst die darüberliegenden Kreise aufbügeln und annähen.

Die Stoffzuschnitte 25a rechts auf rechts ringsherum zusammennähen, dabei eine Wendeöffnung lassen. Die Nahtzugaben an den Rundungen einschneiden, siehe Seite 9, das Teil wenden, befüllen, die Nahtzugaben an der Öffnung nach innen einschlagen und die Wendeöffnung von Hand schließen.

Bei Bedarf noch Trennnähte arbeiten, siehe Seite 11 und Modellfoto, damit die Körner gleichmäßig verteilt bleiben.

KLEINES DUFTKISSEN

Skizze 29 auf Bogen D

Material & Zuschnitt

Die Nahtzugaben von 0,75 cm sind in den Maßen und Schnittteilen bereits enthalten.

- 4 Baumwollstoffe mit verschiedenen Mustern:
  3x ca. 20 x 10 cm (Stoffe A bis C), 1x 25 x 10 cm (Stoff D)
  ✂ 8 Rechtecke, wie in der Skizze 29 angegeben
- 40 cm Baumwollspitze in Rosa, 1 cm breit
- 26 cm Zackenlitze in Grün
- 1 Knopf in Gelb, 15 mm Ø
- 8 cm Klettband, jeweils Flausch- und Hakenseite, 1 cm breit
- Rest Füllwatte
- Kräuter, getrocknet

Nähen

Zuerst jeweils Stoff A und B sowie C und D rechts auf rechts zusammennähen, siehe Skizze, Nahtzugaben in eine Richtung bügeln. Dann die Teile, wie in der Skizze angegeben, rechts auf rechts zu 2 Rechtecken zusammennähen und bügeln.

Am Vorderteil an der linken, am Rückenteil an der rechten Seite die Kante 0,75 cm breit nach rechts umbügeln, jeweils ein Klettbandstück mittig auf diese Kante nähen, ebenfalls auf die rechte Seite, sodass die Stoffschnittkante verdeckt wird. Den Klettverschluss fertigstellen, siehe Seite 10/11. Die Baumwollspitze doppelt legen und an der Oberkante mittig auf der rechten Stoffseite an ein Rechteck nähen, die gefaltete Bandmitte liegt dabei an der Stoffkante, die offenen Bandenden auf dem Stoff. Die Rechtecke rechts auf rechts (Klett auf Klett) legen. Die drei Seiten ohne Klettband nähen, versäubern und das Teil anschließend durch die Klettöffnung wenden. Die Zackenlitze zur Schleife legen und in einem Arbeitsgang mit dem Knopf auf das Duftkissen nähen.

Das Duftkissen mit etwas Füllwatte und den Kräutern füllen.

ELEFANTENDUO

Schnittmuster 28a bis 28f auf Bogen D

Material & Zuschnitt

Die Nahtzugaben von 0,75 cm sind in den Maßen und Schnittteilen bereits enthalten, abweichende Angaben für den hinten stehenden Elefanten B stehen in eckigen Klammern.

- 20 x 25 cm Stoff in Grün mit kleinen Punkten [in Blau mit großen Punkten]
  - ✂ 1x Kopfteil 28b
- 15 x 25 cm Stoff in Blau mit Ornamenten [in Grün gestreift]
  - ✂ 1x Hinterteil 28a
- 25 x 15 cm Stoff in Blau mit Ornamenten [in Blau mit Punkten]
  - ✂ 2x Ohr 28d (2 gegengleiche Teile)
- 25 x 25 cm Stoff in Blau [in Grün] für die Rückseite
- 10 x 5 cm Stoff in Blau mit kleinen Punkten [in Grün mit großen Punkten]
  - ✂ 1 Streifen für den Schwanz à 9 x 3 cm
- 20 x 5 cm Stoff in Grün [in Blau]
  - ✂ 1x Fußteil 28c

Folgende Teile zum Applizieren vorbereiten, siehe Seite 10:

- 5 x 5 cm Stoff in Weiß
  - ✂ 1x Auge 28e
- 5 x 5 cm Stoff in Schwarz
  - ✂ 1x Pupille 28f
- 10 x 10 cm doppelseitig aufbügelbares Vlies (Vliesofix)
- Zackenschere

Füllung, siehe Seite 6/7

Anleitung Duftkissen siehe Seite 63

Nähen

Die Längskanten des Schwanzstreifens 0,5 cm breit nach links umbügeln, dann den Streifen in der Mitte links auf links bügeln, sodass die gebügelten Längskanten aufeinanderliegen. Die Schwanzspitze ausfransen, dazu einige Querfäden ausziehen. Die gebügelten Kanten bis zur Schwanzspitze aufeinandernähen.

Hinterteil 28a und Kopfteil 28b an der geraden Kante rechts auf rechts zusammennähen. Die Nahtzugaben in eine Richtung bügeln. Dann das Fußteil 28c ansetzen, dazu die gestrichelte Fläche vom Körper unter das Fußteil schieben und die Schnittkante des Fußteils mit einem Zickzackstich übernähen.

Die beiden Ohrteile 28d rechts auf rechts aufeinanderlegen und bis auf die Öffnung zusammennähen, siehe Schnitt. Die Nahtzugaben mit der Zackenschere – außer an der Öffnung – mit kleinem Abstand zur Naht zurückschneiden. An der Ecke die Nahtzugaben bis dicht an die Naht schräg abschneiden, siehe Seite 9. Das Ohr wenden, bügeln und befüllen. Dann die Nahtzugaben an der Öffnung nach innen einschlagen, das Ohr entlang der gestrichelten Linie an den Kopf nähen, siehe Schnitt, und damit gleichzeitig die Öffnung schließen.

Zuerst das Auge 28e applizieren, siehe Seite 10, dann die Pupille 28f aufbügeln und applizieren.

Die fertige Vorderseite und das Rückseitenrechteck rechts auf rechts legen und die Vorderseite so aufnähen, dass die eingezeichnete Öffnung frei bleibt. Das Rückseitenrechteck auf die Größe der Vorderseite zurückschneiden. Dann mit der Zackenschere die Nahtzugaben im kleinen Abstand zur Naht wegschneiden, an der Öffnung die Nahtzugaben stehen lassen. Das Teil wenden und bügeln. Körner in den Kopfbereich füllen und diese Kammer mit einer Geradstichnaht auf der Körpermittelnaht schließen.

Dann das Hinterteil ebenfalls befüllen, die Nahtzugaben an der Öffnung nach innen einschlagen, den Schwanz in die Öffnung schieben und die Öffnung von Hand oder mit der Maschine zunähen. Das Ohr im hinteren Bereich eventuell mit ein paar Handstichen am Körper fixieren.

PFERDCHEN

Schnittmuster 30a bis 30f auf Bogen D

Material & Zuschnitt

Die Nahtzugaben von 0,75 cm sind in den Maßen und Schnittteilen bereits enthalten, abweichende Angaben für das Pferd B in Lila stehen in eckigen Klammern.

- 30 x 25 cm Stoff in Grün gemustert [in Lila mit weißem Zickzackmuster]
  ✂ 1x Körper 30a
- 50 x 30 cm Stoff in Blau mit weißen Punkten [in Weiß-Lila kariert]
  ✂ 1x Maul 30c; 1x Hufe 30b; 1 Quadrat à 28 x 28 cm für die Rückseite; 3 Streifen à 8 x 3 cm für den Schwanz; 6 Streifen à 8 x 2 cm für die Mähne

Folgende Teile zum Applizieren vorbereiten, siehe Seite 10:

- 15 x 15 cm in Blau mit Blumen [in Weiß mit Muster in Lila]
  ✂ 1x Sattel 30c
- 5 x 5 cm Stoff in Weiß
  ✂ 1x Auge 30e
- 5 x 5 cm Stoff in Schwarz
  ✂ 1x Pupille 30f
- 30 cm Zackenlitze in Weiß
- 10 x 20 cm doppelseitig aufbügelbares Vlies (Vliesofix)
- Zackenschere

Füllung, siehe Seite 6/7

Nähen

Die Längskanten der Schwanz- und Mähnenstreifen 0,5 cm breit nach links umbügeln, dann den Streifen in der Mitte links auf links bügeln, sodass die gebügelten Längskanten aufeinanderliegen. Die gebügelten Kanten aufeinandernähen.

Das Hufteil 30b und das Maul 30c ansetzen, dazu die gestrichelten Flächen der Teile unter den Körper 30a schieben und die Schnittkante des Körperteils mit einem Zickzackstich übernähen.

Zuerst das Auge 30e und den Sattel 30d applizieren, siehe Seite 10, dann die Pupillen 30f aufbügeln und applizieren. Das Maul mit einer Zickzacknaht aufsticken. Die Zackenlitze an der Sattelkante aufnähen. Die Mähnenteile im Bereich der vorderen Öffnung links auf rechts feststecken, sodass die offenen Kanten an der Stoffkante liegen. Die Länge durch Verschieben nach oben anpassen und die Mähnenteile mit 0,5 cm Nahtbreite festnähen.

Die fertige Vorderseite und das Rückseitenquadrat rechts auf rechts legen und die Vorderseite so aufnähen, dass die eingezeichneten Öffnungen frei bleiben. Das Rückseitenquadrat auf die Größe der Vorderseite zurückschneiden. Dann mit der Zackenschere die Nahtzugaben im kleinen Abstand zur Naht wegschneiden, an den Öffnungen die Nahtzugaben stehen lassen. Das Teil wenden und bügeln.

Noch 1-mal über die Naht an der Zackenlitze nähen und so die 1. Kammer begrenzen. Unterhalb des Sattels die Trennlinie zwischen den Beinen mit einer Zickzacknaht nähen. Den Sattel befüllen, die Nahtzugaben an der Öffnung nach links einschlagen und die Öffnung von Hand oder mit der Maschine schließen.

Den hinteren Teil des Körpers ebenfalls befüllen, die Nahtzugaben an der Öffnung nach links einschlagen, die Schwanzteile mit der offenen Kante in die Öffnung schieben und die Öffnung zunähen. Körner in den vorderen Teil des Körpers füllen, die Nahtzugaben an der Öffnung nach innen einschlagen, dabei klappen die Mähnenteile nach außen, und die Öffnung von Hand oder mit der Maschine zunähen. Die Mähnenteile wieder nach unten klappen und mit ein paar Handstichen am Körper fixieren.

Anleitung Herz siehe Seite 24

relax

STUHLLEHNE-KISSEN

Skizze 31 auf Bogen D

Material & Zuschnitt

Die Nahtzugaben von 1 cm sind in den Maßen und Schnittteilen bereits enthalten.

- 65 x 40 cm Stoff in Schwarz-Weiß gestreift
  ✂ 2 Rechtecke à 32 x 38 cm
- 85 x 40 cm Stoff mit Retromuster
  ✂ 1 Rechteck à 82 x 38 cm
- Ca. 1600 g Weizen

Füllung, siehe auch Seite 6/7

Nähen

Die gestreiften Rechtecke jeweils rechts auf rechts an die beiden Schmalseiten des Retrostoffs nähen. Die Nahtzugaben zum Retrostoff bügeln. Das entstandene Nähstück rechts auf rechts doppelt legen (= Streifenteile liegen aufeinander), die langen Seitennähte schließen und das Teil wenden. Im Bereich des Stoffes mit Retromuster zunächst in Längsrichtung Trennnähte laut Skizze nähen, siehe auch Seite 11. In jedes Segment ca. 200 g Weizen einfüllen und die Kammern durch eine Quernaht entlang der Ansatznaht des Streifenstoffes schließen. Die Körner gleichmäßig verteilen und die quer laufenden Trennnähte arbeiten.

Den Streifenstoff laut Skizze quer abnähen. Den Stoff an dem offenen Ende 1 cm breit nach innen einschlagen, feststecken, mit ca. 400 g Weizen füllen und die Öffnung mit der Maschine schließen. Diesen Teil des Kissens über die Stuhllehne zur Rückseite hängen, so bleibt das Kissen in Position.

KLEINES HANDKISSEN

Schnittmuster 33 auf Bogen D

Material & Zuschnitt

Die Nahtzugaben von 0,75 cm sind in den Maßen und Schnittteilen bereits enthalten.

- 35 x 15 cm Stoff mit Retromuster
  ✂ 2x Kissenteil 33
- Hirse, ca. 100 g

Nähen

Die Stoffzuschnitte rechts auf rechts zusammennähen, dabei eine Wendeöffnung lassen. Die Nahtzugaben an den Rundungen einschneiden, siehe Seite 9, das Nähstück wenden und mit Hirse füllen. Die Nahtzugaben an der Öffnung nach innen einschlagen und die Wendeöffnung von Hand schließen.

Anleitung Kragen siehe Seite 70

KRAGEN

Schnittmuster 32a und 32b auf Bogen D

Material & Zuschnitt

Die Nahtzugaben von 0,75 cm sind in den Maßen und Schnittteilen bereits enthalten.

- 65 x 35 cm Stoff mit Retromuster
  ✂ 2x Schulterteil 32a im Stoffbruch
- 25 x 30 cm Stoff in Schwarz-Weiß gestreift
  ✂ 2x Kragen 32b
- 1,5 cm Klettband in Weiß, jeweils Flausch- und Hakenseite, 1 cm breit
- 1 Knopf, 13 mm Ø

Füllung, siehe Seite 6/7

Nähen

Die beiden Kragenteile 32b zwischen A und B sowie von C bis D rechts auf rechts zusammennähen, sodass die eingezeichnete Wendeöffnung und die lange Seite offen bleiben. Die Nahtzugaben an den Ecken bis dicht an die Naht abschneiden, siehe auch Seite 9, dann das Teil wenden. Die Nahtzugaben an der Öffnung nach innen einschlagen und die Trennnähte absteppen, siehe Schnitt.

Den Kragen mit der langen Kante auf die rechte Seite eines Schulterteils 32a stecken, sodass die Ansatzpunkte aufeinandertreffen und die Kanten aufeinanderliegen. Der Kragen liegt dabei auf dem Stoffzuschnitt. Das 2. Schulterteil 32a rechts auf rechts über das 1. legen und die Teile rundum zusammennähen, dabei eine Wendeöffnung lassen. Die Nahtzugaben an den Rundungen einschneiden, an den Ecken die Nahtzugaben bis dicht an die Naht schräg abschneiden. Das Nähstück wenden und bügeln, die Nahtzugaben an der Öffnung nach innen einschlagen und die Wendeöffnung von Hand schließen. Die Kammern des Kragenteils befüllen und die Öffnungen knappkantig zunähen. Das Schulterteil rundum absteppen.

Die Klettbandstücke wie eingezeichnet an den vorderen Ecken 1-mal auf der Oberseite und 1-mal auf der Unterseite als Verschluss aufnähen. Den Knopf auf dem Verschluss annähen.

EINFACH COOL

Vorlage 35 auf Bogen D

Material & Zuschnitt

Die Nahtzugaben von 0,75 cm sind in den Maßen und Schnittteilen bereits enthalten.

- 75 x 45 cm Stoff in Weiß
  ✂ 4 Rechtecke à 35 x 20 cm
- 45 x 20 cm Stoff in Türkis
  ✂ 2 Rechtecke à 20 x 19 cm
- 10 cm Klettband, jeweils Flausch- und Hakenseite, 1 cm breit
- Baumwollgarn in Mittelblau, Stärke passend für Häkelnadel Nr. 2 bis 3
- Häkelnadel Nr. 4,5
- Stoffmalfarbe in Rosa
- Grobes Salz, 1000 g

Für den Stempel

- 6 x 18 cm Moosgummi
- Holzleiste, 5,5 x 16,5 cm
- Alleskleber
- Pinsel
- Kleines Schwämmchen
- Alte Untertasse/Teller

Vorbereitung

Aus dem Moosgummi laut Vorlage 35 Dreiecke schneiden und nebeneinander auf die Holzleiste kleben. Etwas Stoffmalfarbe auf eine Untertasse geben, mit dem Schwämmchen Farbe aufnehmen und die Moosgummidreiecke gleichmäßig betupfen. Den Stempel auf ein weißes Stoffrechteck drücken. In gleicher Weise fortfahren, bis der Stoffzuschnitt ganz bestempelt ist. Die Farbe trocknen lassen und nach Herstellerangaben fixieren.

Nähen

Aus 2 weißen Rechtecken ein Inlett nähen, siehe Seite 10, und mit Salz befüllen.

Das Baumwollgarn doppelt nehmen und eine ca. 75 cm lange Luftmaschenkette häkeln. Mit der Luftmaschenkette auf dem bedruckten Stoff mit genügend Abstand zum Rand, siehe Modellfoto, das Wort „Cool" legen und von Hand mit einfachen Stichen aufnähen.

In die beiden türkisfarbenen Rechtecke einen kleinen Klettverschluss nähen, siehe Seite 10/11, Abb. B und D, dabei die 20 cm langen Kanten für den Klettverschluss 0,5 cm breit nach rechts umbügeln. Das bedruckte Rechteck und das zusammengesetzte türkisfarbene rechts auf rechts legen, den 2. weißen Stoffzuschnitt links auf links auf den bedruckten Stoff legen und die Stoffe ringsherum zusammennähen. Das Teil durch den Klettverschluss wenden und das Inlett in die Hülle schieben.

Entspannung
Cool

KISSEN IN GRAU

Schnittmuster 36 auf Bogen C

Material & Zuschnitt

Die Nahtzugaben von 0,75 cm sind in den Maßen und Schnittteilen bereits enthalten.

- 85 x 35 cm Stoff in Grau
  - ✂ 2 Rechtecke à 40 x 32 cm
- 45 x 20 cm Stoff in Rosa
  - ✂ 1x Zackenstreifen 36 (zum Applizieren vorbereiten, siehe Seite 10)
- 45 x 20 cm doppelseitig aufbügelbares Vlies (Vliesofix)
- 55 cm Pomponborte in Gelb
- Wasserlöslicher Markierstift

Füllung, siehe Seite 6/7

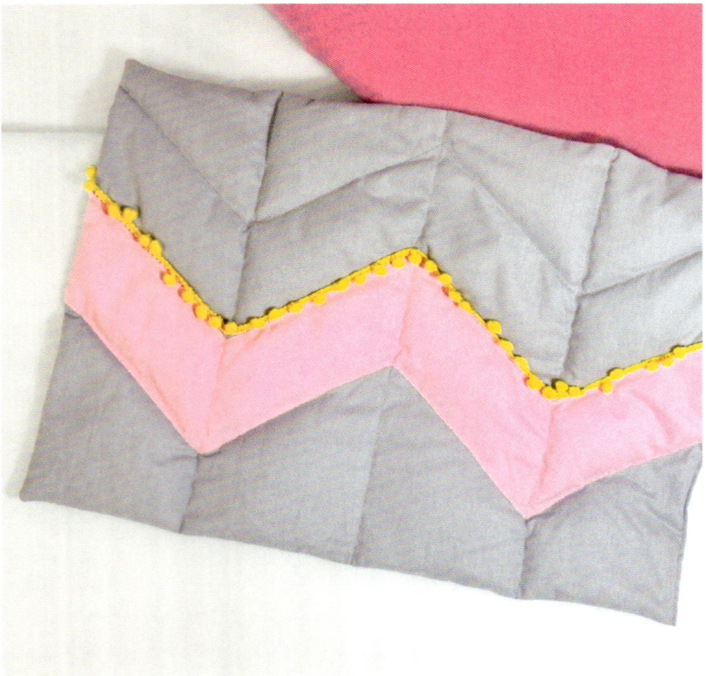

Nähen

Den Zackenstreifen auf die rechte Seite eines grauen Rechtecks applizieren, siehe Seite 10 und Modellfoto. Die Pomponborte am oberen Rand des Zackenstreifens aufnähen.

Die beiden Rechtecke rechts auf rechts legen, an einer kurzen und beiden langen Seiten zusammennähen, die Nahtzugaben an den Ecken bis dicht an die Naht schräg abschneiden und das Teil wenden. An der Öffnung die Nahtzugaben 1 cm breit nach links umbügeln.

Drei Trennnähte für die Kammern der Körner nähen, dazu Ober- und Unterkante des Zackenstreifens absteppen und eine weitere Naht parallel zur Oberkante mithilfe des Schnittmusters aufzeichnen und nähen. Die Körner gleichmäßig verteilt einfüllen. Die Öffnung knappkantig schließen.

Das Kissen flach hinlegen, die Körner durch Glattstreichen und Schieben gleichmäßig verteilen. Drei weitere, quer verlaufende Trennnähte markieren – jeweils durch die Spitzen der Zackenlinien – und abnähen, siehe auch Seite 11.

Anleitung Einfach Cool siehe Seite 71

BLUME

Schnittmuster 37a bis 37c auf Bogen D

Material & Zuschnitt

Die Nahtzugaben von 0,75 cm sind in den Maßen und Schnittteilen bereits enthalten.

- 35 x 35 cm Karostoff in Dunkelbeige
  ✂ 1x Blume 37a
- 35 x 35 cm Stoff in Hellbeige mit dunklem Blattmuster
  ✂ 1x Blume 37a (Rückseite)

Folgende Teile zum Applizieren vorbereiten, siehe Seite 10:

- 15 x 15 cm Stoff in Dunkelbeige mit hellem Blattmuster
  ✂ 1x Blütenmitte 37c
- 45 x 10 cm Stoff in Hellbeige mit Eulenmuster
  ✂ 5x Blütenblatt 37b
- 60 x 25 cm doppelseitig aufbügelbares Vlies (Vliesofix)
- Zackenschere

Füllung, siehe Seite 6/7

Nähen

Zuerst die Blütenblätter 37b auf die karierte Blume 37a applizieren, siehe Seite 10, dann die Blütenmitte 37c.

Vorder- und Rückseite rechts auf rechts legen und rundum bis auf die eingezeichnete Öffnung zusammennähen. Mit der Zackenschere die Nahtzugaben im kleinen Abstand zur Naht wegschneiden, nur an der Öffnung die Nahtzugaben stehen lassen. An den Ecken die Nahtzugaben bis dicht an die Naht einschneiden, siehe Seite 9. Das Teil wenden und bügeln.

Die Blütenmitte außerhalb der Zickzacknaht entlang der gepunkteten Linie mit Geradstich umnähen, dabei, wie eingezeichnet, eine Öffnung lassen. Körner in die so entstandene Kammer füllen und anschließend die Öffnung verschließen.

Die Trennlinie (gepunktete Linie) zwischen den beiden Blütenblättern gegenüber der Öffnung mit Geradstich absteppen. Dann die einzelnen Blütenblätter befüllen und jede Körnerkammer mit einer Geradstichnaht entlang der gepunkteten Linie verschließen. Zum Schluss die Nahtzugaben an der Öffnung nach innen einschlagen und die Öffnung von Hand oder mit der Nähmaschine zunähen.

TEENY-KISSEN

Schnittmuster 36a bis 36j auf Bogen D

Material & Zuschnitt

Die Nahtzugaben von 1 cm sind in den Maßen und Schnittteilen bereits enthalten.

- 35 x 26 cm in Grün gestreift
  - ✂ 1 Rechteck für die Vorderseite à 32 x 26 cm
- 35 x 26 cm in Mittelgrün
  - ✂ 1 Rechteck für die Rückseite à 32 x 26 cm
- 30 x 15 cm in Bordeaux mit weißen Punkten
  - ✂ 2 Seitenstreifen à 26 x 4 cm und 26 x 6 cm

Folgende Teile zum Applizieren vorbereiten, siehe Seite 10:

- 20 x 20 cm Stoff in Schwarz mit Muster
  - ✂ 1x Totenkopf 36b
- 35 x 10 cm Stoff in Schwarz
  - ✂ je 1x Knochen 36c bis 36f; 2x Pupille 36h
- 15 x 5 cm Stoff in Weiß
  - ✂ 2x Auge 36g
- 60 x 20 cm doppelseitig aufbügelbares Vlies (Vliesofix)

Füllung, siehe Seite 6/7

Nähen

Die Seitenstreifen an den Längskanten jeweils 1 cm breit nach links umbügeln, dann den schmalen Streifen mit 3 cm Abstand zur linken Seitenkante, den breiten mit 2 cm Abstand zur rechten Seitenkante knappkantig auf die Vorderseite steppen. Die Vorlagen auf dem Bogen sind zum Applizieren gespiegelt. Teile aufbügeln, wie auf dem Foto zu sehen.

Zuerst die Knochen 36c bis 36f applizieren, siehe Seite 10, dann den Kopf 36b, anschließend die Nase 36i, die Augen 36g, den Mund 36j und zum Schluss die Pupillen 36h aufbügeln und applizieren. Die Zähne mit Zickzacknähten aufsticken.

Die Kissenvorder- und -rückseite rechts auf rechts rundum zusammennähen, dabei die eingezeichnete Wendeöffnung frei lassen. Die Nahtzugaben an den Ecken bis dicht an die Naht zurückschneiden. Das Kissen wenden und bügeln.

Zunächst den unteren rechten Bereich füllen und die Kammer dann mit einer Geradstichnaht entlang der gepunkteten Linie schließen. Die mittlere Kammer ebenso befüllen und schließen. Nach dem Befüllen der oberen linken Kammer die Nahtzugaben an der Öffnung nach innen einschlagen und die Öffnung von Hand oder mit der Maschine zunähen.

Impressum

Autorinnen:
Marion Dawidowski, Seiten 12, 20, 21, 32, 33, 38–43, 50, 51, 58, 62, 63, 68–71, 74
Angelika & Christin Kipp, Seiten 14, 16, 22–29, 34, 36, 44, 46, 52–56, 60, 64, 66, 75, 76

Lektorat:
Beate Schmitz, Stegen

Fotos:
Florian Bilger, Freiburg, Seiten 13, 23, 37, 46/47, 58, 61, 68, 77
Uli Glasemann, Offenburg, Seiten 17, 18/19, 30/31, 35, 39, 40/41, 55, 57, 65
Roland Krieg, Waldkirch, Seiten 15, 25, 27, 45, 48/49, 67, 72/73

Styling:
Florian Bilger, Freiburg, Seiten 13, 23, 37, 46/47, 58, 61, 68, 77
Roland Krieg, Waldkirch, Seiten 15, 25, 27, 45, 48/49, 67, 72/73
Elke Reith, Offenburg, Seiten 17, 18/19, 30/31, 35, 39, 40/41, 55, 57, 65

Gesamtgestaltung:
GrafikwerkFreiburg

Vorlagenbogen:
Beate Schmitz, Stegen

Reproduktion:
RTK & SRS mediagroup GmbH

Druck:
Polygraf Print, Slowakei

ISBN 978-3-8410-6328-1
Art.-Nr. 6328

Hersteller/Bezugsadressen

- Buttinette
  www.buttinette.de
- Hotex, Hollmann Textil GmbH
  www.hotex.de
- Freudenberg Vliesstoffe SE & Co. KG
  www.vlieseline.com
- Kurt Frowein GmbH & Co. KG
  www.kurt-frowein.de
- Guetermann GmbH
  www.guetermann.com
- Prym Consumer Europe GmbH
  www.prym-consumer.com
- Stof A/S (DK)
  www.stof-dk.com
- Westfalenstoffe AG
  www.westfalenstoffe.de

Kreativ-Service

Sie haben Fragen zu den Büchern und Materialien? Frau Erika Noll ist für Sie da und berät Sie rund um alle Kreativthemen. Rufen Sie an! Wir interessieren uns auch für Ihre eigenen Ideen und Anregungen. Sie erreichen Frau Noll per E-Mail: **mail@kreativ-service.info** oder Tel.: **+49 (0) 5052 / 91 18 58** Montag bis Donnerstag: 9–17 Uhr / Freitag: 9–13 Uhr

Besuchen Sie uns im Internet: www.christophorus-verlag.de